HAUSWESEN-FENG SHUI

Feng Shui

für Haushalte und Häuser

Großmeister Sheng-Yen Lu

Lebender Buddha Sheng-Yen Lu

Herausgeber: „Zhen Long Tang e.V.“, Buddhistischer Verein

Übersetzung: Jasmin Hererra
Korrektur: Ka-Leung Leung
Buchgestaltung/Satz: Jasmin Sebastian
ISBN 978-3-937272-01-6

Über den Autor

Der Lebende Buddha Lian-Sheng ist in ganz Südostasien eine bedeutende religiöse Figur. Im Jahre 2002 hatten über 5 Millionen Menschen Zuflucht zur Wahren Buddha Schule genommen. Mit weltweit über 300 Ortsverbänden wird die Wahre Buddha Schule heute als ein Hauptbestandteil des Buddhismus anerkannt.

Der Lebende Buddha Lian-Sheng wurde 1945 in Taiwan geboren. 1982 ließ er sich in den Vereinigten Staaten von Amerika nieder, um die buddhistische Lehren im Westen zu verbreiten. Inzwischen hat er einen wichtigen buddhistischen Tempel, den Ling Shen Ching Tze Tempel in Redmond, Washington, sowie ein großes spirituelles Zentrum im Kaskadengebirge errichtet.

Ursprünglich ein Christ, führte den Lebenden Buddha Lian-Sheng im Alter von 26 Jahren ein tiefgründiges, mystisches Erlebnis zum Studium des Taoismus, Sutrayana und Tantrischen Buddhsimus. Nach einem intensiven Lernen und Praktizieren über einen Zeitraum von 14 Jahren, wurde er ein Meister mit außergewöhnlichen Errungenschaften in diesen Disziplinen und erlangte die Vollkommene Erleuchtung.

Indem man den Tantrischen Dharma des Wahren Buddha praktiziert, wie er vom Lebenden Buddha Lian-Sheng gelehrt wird, kann man im gegenwärtigen Leben Erwachen und Befreiung verwirklichen.
Der Lebende Buddha Lian-sheng ist ein produktiver Schreiber, der über 200 Bücher auf Chinesisch über verschiedene Themen wie Tantrischer Buddhismus, Geomantik, Zen-Buddhismus und Taoismus veröffentlicht hat. Viele dieser Bücher werden nun ins Englische und Deutsche übersetzt.

Inhaltsangabe

Danksagung

Der Buddhistischer Verein „ Zhen Long Tang“ e.V. bedankt sich bei den Personen für die Übersetzung und Abwicklung dieses Buches:
Großmeister Shen -Yen Lu für seine Segnung und Führung;
Meister Lian Moon, Lian Chuan für Ihre Anregung und Unterstützung; Jasmin Hererra für Ihre Übersetzung und Korrektur;
Jasmin Sebastian für die Satzung, Cover und alle,
die sich an diesem Buch sich beteiligt haben.

Ka-Leung Leung

Vorwort

Ein Anerbieten von Feng Shui-Fachwissen an meine Leser

Dies ist ein Buch des „weltlichen Dharmas“. Es ist ein Buch der Methoden, die angewendet werden, um den Erfolg in der irdischen Welt zu sichern, wobei seine Ziele Harmonie in der Familie, Gesundheit, Wohlstand, erfolgreiche Karrieren, kindlicher Gehorsam und die Verringerung und Ausrottung von Unheil sind.

In vergangenen Feng Shui-Messungen habe ich festgestellt, dass viele Menschen in Häusern leben, die in erschreckender Weise unvorteilhaft für sie sind. Mein Mitgefühl und Mitleid für diejenigen, die in solch unglückseligen Häusern leben, haben mich dazu veranlasst, dieses detaillierte Geomantik-Buch über Feng Shui für Haushalte und Häuser zu schreiben. Damit dieses Buch von jedem gelesen und verstanden werden kann, habe ich eine Sprache gewählt, die so klar wie nur möglich ist, um die tiefen und tiefgründigen Studien der „Erdmagie“ zu erklären.

Ich, der Lebende Buddha Lian-sheng, empfinde, dass es drei fundamentale Aspekte für jedes erfolgreiche „weltliche Dharma“ oder für irdische Bestrebungen gibt:

1) Der richtige Zeitpunkt – die karmische Chance bestimmt durch den Kosmos oder das Schicksal
2) Die Unterstützung von anderen Menschen – von Menschenhand geschaffene Faktoren wie eigenes Bemühen und harmonische menschliche Interaktionen
3) Eine günstige geographische Lage – Unterstützung, die geleistet wird in Form eines positiven Umfeldes oder eines günstigen Feng Shui

„Zeit, Menschen und Ort“ sind drei wesentliche Bestandteile hinter jeder erfolgreichen Bestrebung in der irdischen Welt. Der Faktor

„Zeit“ lässt sich normalerweise sehr schwer verändern. Der zweite Faktor, der Faktor „Menschen“, bedingt im Allgemeinen den Einsatz von großen Anstrengungen eines Einzelnen. Der letzte Faktor, der Faktor „Ort“, lässt sich am einfachsten manipulieren. Deshalb wird die Geomantik (Feng Shui) zu einer effektiven Methode drastische Veränderungen oder die Umkehrung vom Lauf der Dinge in bestimmten Situationen zu bewirken.

„Ort“ spielt auch eine Rolle bei der Bildung von „transzendentalem Dharma“ oder spiritueller Transformation. In alten Zeiten suchten praktizierende Taoisten nach berühmten Bergen oder Höhlen - Orten mit außerordentlich hoher Energie - um sich auszubilden. Heute suchen Praktizierende von esoterischem Buddhismus immer noch nach Höhlen mit hoher Energie, um sich dorthin zurückzuziehen.

In meinen jüngeren Jahren, als ich ein Schüler des taoistischen Meisters Ch´ing Chen war, wurden mir die Lehren vermittelt, die in dem Manuskript Die Geheimnisse der Erdmagie standen. Bis zu einem bestimmten Grad haben meine Kenntnisse über Feng Shui bei der Gründung der Wahren Buddha Schule und bei meinem Erlangen von Erleuchtung durch die buddhistische Ausbildung geholfen. Wann immer ich mich niederlasse, wähle ich einen Ort mit dem besten Feng Shui dazu aus. Meine sorgfältige Beachtung der Rolle, die das Feng Shui spielt, hat mich in die Lage versetzt, meine spirituelle Energie auf einem fortwährend vollkommenen und hohen Niveau zu halten.

In meinem Leben bin ich selten erkrankt. Ich halte keinen Mittagschlaf und ich bin niemals müde. Ich lebe jetzt seit fünf Jahren in den Vereinigten Staaten und habe niemals eine gewöhnliche Erkältung gehabt. Dies ist das Ergebnis der günstigen Konstellationen von „Zeit, Menschen und Ort.“ Tatsächlich ist meine Transformation zum „Lebenden Buddha Lian-sheng“ ein konkreter Beweis für die ideale Verflechtung von diesen drei Faktoren „Zeit, Menschen und Ort“.

Damit ein Praktizierender des Taoismus bei seiner Ausbildung Erfolg hat, muss er oder sie bestimmte angeborene Eigenschaften vorweisen. Er oder sie muss fleißig und beharrlich sein und die Unterstützung der „Erdenergie“ besitzen. Deshalb ist die Auswahl des „idealen Ortes“, um sich auszubilden, sehr wichtig. In alten

Zeiten haben alle großen Eingeweihten des Trantrayana Höhlen mit starker Erdenergie gefunden, um sich auszubilden. Ohne die Mitwirkung der Energie von solchen Orten wären ihre großen Bemühungen umsonst gewesen.
In Hinblick auf die oberen Richtlinien, bringen Häuser mit positiver Erdenergie den Bewohnern nicht nur ein Gefühl des Wohlbefindens, sondern auch gute Gesundheit, erfolgreiche Karrieren und Harmonie in der Familie. Umgekehrt erfahren Bewohner von Häusern mit mangelnder positiver Energie Missgeschicke, emotionale Unzufriedenheit und Versagen in der Karriere. Mit einem Vorfall, der den nächsten nährt, können solche Bewohner in einen Teufelskreis von Missgeschicken gefangen werden.
Viele Schüler und Leser haben mich aufgefordert, dass ich ein Feng Shui-Buch über Wohnstätten schreiben sollte. Nach sorgfältiger Abwägung empfinde ich auch eine Notwendigkeit, dass mehr Leute die wichtige Rolle der „Erdenergie" in unserem Leben verstehen. Die Menschen sollten Zugang zum großen Wissen über Feng Shui haben und eine angemessene Sicht der Vorteile der Erdenergie entwickeln. Innewohnend in der Kunst und Wissenschaft von Feng Shui gibt es für den Lebensweg viele führende Richtlinien. Ich werde jede Anstrengung unternehmen, um in einer Art und Weise zu schreiben, die klar und einfach zu verstehen ist und dabei praktische Konzepte und Beispiele mit einfließen lassen. Es ist mein Wunsch, dass durch die detaillierte Beschreibung meiner eigenen Erfahrungen, einige der Vorurteile und falschen Ansichten über Feng Shui richtig gestellt werden.
In diesem Buch werde ich die wichtigen Aspekte, die die Auswahl einer Wohnstätte betreffen – die Lage, die Höhe, die Weite, Türen, Umfeld, Wohnzimmer, Küche, Schlafzimmer, Schrein, Badezimmer, Arbeitszimmer, Position der Treppe – und die verschiedenen Feng Shui-Theorien besprechen.
Ich hoffe, dass das Verfassen dieses Buches eine unvoreingenommene und systematische Sicht auf Feng Shui bieten wird, die von praktischem Wert für die Leser sein wird. Dieses Hilfsmittelbuch offenbart, dass meine Lehren nicht zur vollkommenen Abkehr von weltlichen Angelegenheiten neigen, sondern eine Vereinigung von

sowohl „tranzendentalem“ als auch „weltlichem“ Dharma sind. Die Veröffentlichung dieses Buches ist eine Darbringung von grenzenlosen Segnungen an alle meine Schüler und Leser. Es ist mein Wunsch, dass ein jeder gute Gesundheit und ein langes Leben, Glück, ein harmonisches Familienleben, eine Zunahme an Weisheit und Vermögen und die Erfüllung in spiritueller Ausbildung erlangt.

Sheng-Yen Lu
Tantrisches Qartier des Wahren Buddha
17102 NE 40th Ct.
Redmond, WA 98052f
USA

März 1987

TEIL I

1. Vermeide es auf einem „hohen Gipfel" zu leben

Einmal lud mich ein reicher Mann dazu ein eine Feng Shui-Messung in seinem luxuriösen Heim durchzuführen. Zur vereinbarten Zeit erschien er in einer teuren Limousine vor meinem Wohnsitz. Trotzdem beabsichtigte ich nicht, mit ihm mitzugehen.

„Es ist schon Zeit. Sollen wir jetzt gehen?", fragte er.

„Es tut mir leid, aber ich glaube, ich brauche Ihr Haus nicht zu sehen", antwortete ich.

„Warum?", fragte er. Meine Antwort brachte ihn aus der Fassung.

„Ich habe Ihr Heim letzte Nacht bereits gesehen. Ich verstehe nun die ganze Situation."

„Meister, Sie haben was?" Sein Unterkiefer klappte herunter vor Staunen.

So ein Vorfall war für mich keine neue Erfahrung. In der vorausgegangenen Nacht hatte ich, während ich schlief, meinen Körper durch das Kronen-Chakra verlassen. Nachdem ich in den Himmel aufgestiegen war, bin ich schnell durch die Wolken hindurch geflogen und in seinem Haus angekommen. Das Haus des reichen Mannes war auf dem höchsten Gipfel eines acht Morgen großen Grundstückes gebaut, das den Gipfel eines kleinen Berges umgab. Um das riesige Haus herum stand eine Wand aus eisernen Gitterstäben.

Ich sagte ihm: „Sie haben zwei Pferde, ein braunes und ein weißes. In Ihrem Haus gibt es sechs Kamine. Sie brannten alle als ich letzte Nacht zu Besuch kam. Sie haben zwei sehr wertvolle und berühmte Gemälde in Ihrer Sammlung. Ich habe auch ein antikes Schwert aus sehr alten Zeiten gesehen..."

Der reiche Mann war verblüfft. Schließlich erzählte ich ihm davon, dass es nicht wünschenswert ist auf einem „hohen Gipfel" zu leben. Ein hochgelegener Ort macht einen zugänglich für das Wehen der

Winde aus allen „acht Himmelsrichtungen“, was zu „Feng-Sha“ (schädliche Windenergie) führt. Sich auf einem Ort auf dem „Gipfel“ zu befinden bedeutet ohne Schutz oder Unterstützung entblößt zu sein.

Unter den Reichen gibt es einige Leute, die wegen ihres Reichtums glauben, dass sie über anderen stehen und die auf dem höchsten Punkt der Stadt leben wollen. Sie kaufen Land auf einem Gipfel und bauen luxuriöse Häuser. Nachdem Häuser dieser Art errichtet worden sind, sinkt das Glück der Besitzer jedoch oft. Weil Land auf dem höchsten Punkt dem Angriff der Winde aus allen Himmelsrichtungen ausgesetzt ist, ist das Chi oder die Leben spendende Energie in solchen Häusern am unbeständigsten. Zehn von zehn solcher Häuser wandeln sich in unglückliche Wohnsitze um.

In hoher Gipfellage ist das Erd-Chi normalerweise nicht weitschweifig und nicht in der Lage sich zu sammeln und ist deshalb schwach, lose und zerstreut. Ein Haus auf so einem Gelände zu bauen wird definitiv einen Rückgang des eignen Glückes verursachen. Nur unter einer Bedingung ist ein hoher Gipfel eine gute Wahl für den Bau eines Hauses – wenn das Erd-Chi in einem ansteigenden und spiralenförmigen Pfad reist. Wenn das der Fall ist, wird die Erde, die auf diesem Gelände aufgegraben wird, ein fünffarbiges, buntscheckiges Spiralmuster zum Vorschein bringen. So ein Erd-Chi-Muster ist jedoch äußerst selten auf hohen Gipfeln. Man kann praktisch hohe Gipfel als idealen Ort zum Häuserbau ausschließen.

Wie in den Geheimnissen der Erdmagie steht:

Der höchste Ort lädt zweifellos den Angriff ein.
Die Gipfellage lädt zweifellos die Vereinsamung ein.

Das Chi eines Hauses, das auf den höchsten Ort gebaut ist, zerstreut sich schnell, weil es dem Wehen der Winde aus allen Himmelsrichtungen unterworfen ist. So ein Haus wird auch oft, weil es so auffällig ist, Opfer von Einbrechern und Dieben. Eine Entsprechung kann man zu einer Person ziehen, die in eine hohe Position aufsteigt und zu viel Aufmerksamkeit auf sich zieht. Andere Leute werden dann neidisch auf sie und wollen sie loswerden. Der Präsident der Vereinigten Staaten beispielsweise, benötigt wegen seiner Position als Chefkommandeur zu allen Zeiten Schutz durch Sicherheitspersonal. Orte auf Gipfeln weisen keine höheren geographischen Einrichtungen in der Umgebung, die sie unterstützen, vor. Deshalb zerstreut sich das Erd-Chi in solchen Wohnsitzen schnell und sammelt sich nicht. Leute, die in solchen Wohnsitzen leben, werden unverträglich miteinander und entwickeln ungesellige und exzentrische Charakterzüge. Es ist unvermeidbar, dass die Einwohner eines Gipfelhauses ein Auseinanderfallen ihrer Familien erleiden und einsam enden. Das gleiche Prinzip kann auch angewendet werden für Häuser, die auf höherem Grund gebaut sind. Wenn jemand meint er wäre allen anderen haushoch überlegen und mit voller Absicht sein Haus höher baut, als die Häuser, die es umgeben, lädt er ebenfalls Angriff und Einsamkeit ein. Eine Ausnahme wäre es, wenn die Bewohner bereits genug Verdienste und den Status, der zu einem solchen Haus passt, angesammelt hätten.

Wenn jemand ohne Verdienste und Status ist, wäre es äußerst unglückselig für ihn in einem Haus zu leben, das höher liegt als die umliegenden Häuser. Dies wird Missgeschick und große Verluste auf sich ziehen. Meiner Meinung nach sollte eine Übereinstimmung zwischen dem Status eines Hauses und dem Status der Bewohner vorhanden sein. Die Art des Hauses zu ignorieren oder bei der Anpassung des Status zu scheitern, kann zu bedauerlichen Ereignissen führen, die die Vorstellungskraft weit übersteigen.

Deshalb ist mein Rat, dass es unheilvoll ist in einem Haus zu leben, das auffallend höher liegt als die umgebenden Häuser, es sei denn man besitzt hohe Verdienste oder einen hohen Status. Es ist auch unheilvoll in einem Haus zu leben, das isoliert und entfernt von anderen umgebenden Häusern steht. Diese Häuser fallen auch in die Kategorie „Hohe Gipfel."

Der reiche Mann, der mich eingeladen hatte eine Feng Shui-Messung für sein Haus durchzuführen, hat seine luxuriöse Gipfelvilla letztendlich verkauft, weil er wusste, dass der Vorbesitzer geschäftlich versagt hatte und dass einer seiner Diener ermordet worden war. Tatsächlich war der reiche Mann, zu dem Zeitpunkt als er mich aufsuchte, gerade geschieden und von seinen Kindern getrennt worden. Es war ein Muster, das zu den Konsequenzen von „Angriff und Einsamkeit“ passte. Deshalb sollte man bei der Auswahl der Lage eines Baugeländes sehr vorsichtig sein.

2. Vermeide es auf „niedrigen und überschatteten“ Geländen zu leben

Als ich noch jünger war, habe ich zahlreiche Feng Shui-Beratungen durchgeführt. Die einzige Regel, die ich immer beibehalten habe, war jeden gleich zu behandeln, ob sie nun reich oder arm waren. Wenn die Reichen kamen um meine Dienste in Anspruch zu nehmen, gab ich ihnen gerne Ratschläge. Wenn arme Familien mich um Hilfe ersuchten, habe ich gerne ihre Einladungen angenommen.

Während dieser Zeiten habe ich auch, wann immer ich damit einverstanden war Feng-Shui-Messungen durchzuführen, an einem wichtigen Prinzip festgehalten: Ich habe nie eine Gebühr erhoben, sondern gestattete allen Parteien das zu bezahlen, was auch immer sie wollten.

Da mein einziges Motiv Geomantik zu studieren Menschen zu helfen war, habe ich Messungen für sehr arme Familien durchgeführt. Eine solche Familie, deren Familienoberhaupt seinen Lebensunterhalt mit dem Verkauf von Gemüse bestritt, lebte in einer sehr niedrigen Gegend am Fuß eines Abhangs, der sich in einer steilen Wand zum Himmel erhob. Die Gegend um das Haus herum war von Bambus umgeben. Nachdem ich das Haus und die umgebenen geographischen Besonderheiten studiert hatte, kam ich zu dem Schluss, dass das Haus in das Muster eines „niedrigen und überschatteten“ Hauses fiel. Wie in den Geheimnissen der Erdmagie steht:

Das niedrigste Gelände wird Selbstmord begegnen.
Das überschattete Gelände wird auf unerwartete Beschwernisse treffen.

Meine Analyse erwies sich als sehr genau. Nach einem Streit, der durch die Verschlechterung der finanziellen Situation verursacht wurde, hatte die Frau des Hausbesitzers Selbstmord begangen, indem sie Insektizide trank. Die Großmutter des Hauses wurde durch einen schweren Fall von rheumatischer Arthritis halb gelähmt. Eines der Kinder wurde von Kinderlähmung heimgesucht, ein anderes von Asthma. Der Eigentümer selbst, der so hart er nur konnte arbeitete um sein Gemüse zu verkaufen, sah einer vernichtenden Niederlage entgegen. Warum sind Häuser, die in niedrigen Geländen und Vertiefungen gebaut sind mit dem Schicksal des Selbstmordes verbunden? Das ist so, weil diese Häuser sich immer in einer unterlegenen Position befinden. Leute, die in solchen Häusern leben entwickeln emotionale Blockaden und haben Schwierigkeiten ihre eigenen Ideale erfüllt zu sehen. Wegen ihres frustrierten emotionalen Zustandes, schaffen sie es oft nicht einen sicheren Ausweg zu finden, wenn sie verärgert oder provoziert werden. Die niedrigen und abgesenkten Gelände sind Gelände der „Yin"-Energie, wo körperlose Seelen und Geister gerne zusammenlaufen. „Yin-Seelen" können einem bösartige Tricks spielen und Gedanken an Selbstmord erzeugen.

Die nahe Nachbarschaft des Hauses zu dem hohen und abgebrochenen Felsen erzeugte ein Gefühl des „erdrückt und überschattet sein". Dieses Muster der Art „Unterdrückung" schafft die Veranlagung zu merkwürdigen Krankheiten. Die Nähe zu dem hohen und abgebrochenen Felsen bewirkt auch ein Gefühl der Trostlosigkeit und des Elends. Wenn man in einem solchen Haus leben würde, würde man nie die Gelegenheit erhalten wohlhabend zu werden.

Es gibt auch ein reelleres Problem für Wohnstätten, die in einer Talsenke am Fuß von Bergen gebaut werden. Bei Regenfällen sammelt sich das Wasser und kann nicht schnell ablaufen. Bei einem Erdbeben kann eine Lawine das ganze Haus unter sich begraben. Wie kann man sich der Probleme, die solchen Geländen anhaften, nicht bewusst sein?

Ich fragte den Hauseigentümer: „Gibt es momentan in Ihrem Haus sieben Bewohner?"

Er sah mich verblüfft an: „Es gibt nur fünf."

Ich lächelte und sagte: „Es sind tatsächlich sieben, auch wenn zwei der sieben als häufige Gäste betrachtet werden können."
Er antwortete: „Wir haben selten irgendwelche Gäste."
Ich forderte ihn auf, das mit der Großmutter zu klären, um herauszufinden, ob tatsächlich zwei Besucher im Haus waren. Zu seiner Überraschung bestätigte die Großmutter meine Worte. Sie beschrieb, dass sie einen Mann in Schwarz und eine Frau in Rot in der Kleidung der Ch´ing Dynastie häufig in ihr Haus ein- und ausgehen sah. Die Antwort versetzte dem Eigentümer einen großen Schrecken.
„Warum hast Du mir das nicht schon eher erzählt?", fragte er die Großmutter. Die Großmutter antwortete: „Ich hatte Angst, dass Du dich erschrecken könntest. Außerdem glaube ich nicht, dass mir jemand geglaubt hätte. Du hättest mich vermutlich beschuldigt Halluzinationen zu haben und senil zu werden."
Ich erklärte dem Eigentümer, dass ein niedriges und überschattetes Gelände ungeeignet sei für einen Wohnsitz, weil es das Zusammentreffen von Yin-Seelen ermutige. Eine gesunde Person, die dort leben würde, würde krank werden und auf zahlreiche Beschwernisse stoßen. Oftmals würde man wegen des Einflusses der körperlosen Seelen, ihren Rufen erliegen und versuchen sich das Leben zu nehmen.
Die Großmutter war sich der Yin-Seelen bewusst, weil sie sich am Ende ihrer Jahre befand. Die Yang-Energie in ihrem Köper zerstreute sich, während sich die Yin-Energie sammelte und dies führte zu einer Öffnung ihrer geistigen Visionen.
Einige Praktizierende des FengShui glauben, dass die niedrigen und abgesenkten Gelände Chi aus dem Wasserelement ansammeln. Weil Wasser als gleichbedeutend zu Geld betrachtet wird, halten sie das Gelände für einen wohlhabenden Platz. Eine optimale Bewegung des „Wasser-Chi" in so einem Gebiet zu sichern, erfordert jedoch eine angemessene Handhabung durch einen fähigen Feng Shui-Meister. Dies schließt die Erzeugung eines angemessenen Zuflusses von „großem Waser-Chi" und eines Abflusses von „kleinem Wasser-Chi" mit ein. Sonst wird der alleinige Zufluss von großem Wasser-Chi ohne Abfluss bewirken, dass jeder Bewohner des Wohnsitzes „von Wasser verschlungen" wird.

Ein Haus, das in einem Gelände gebaut wird, das zu niedrig und zu abgesenkt ist, ist deshalb unheilvoll. Es ist auch unheilvoll einen hohen, abgebrochenen Felsen direkt hinter (oder an irgendeiner Seite) des Hauses zu haben, weil dies das Haus überschattet.
Ich erinnere mich, dass ich nach der Messung einen Umschlag mit fünfzig taiwanesischen Dollar (damals ungefähr 1,25 US$) vom Eigentümer erhalten habe. Der Betrag machte mir nichts aus, weil ich wusste, dass sie arm waren und ich war kein Feng Shui-Meister der darauf aus war aus seinen Beratungen Profit zu schlagen. Feng Shui als ein weltliches Dharma ist bloß ein fachkundiges Hilfsmittel. Wichtiger ist das Ziel, die Menschen zu bewegen und zu inspirieren den „transzendentalen" Buddha-Dharma zu praktizieren.
Also sollte man, bevor man ein Baugebiet auswählt, zuerst das Gelände erkunden. Dies ist ein zu wichtiger Faktor um ihn zu ignorieren. Ein zu hohes Gelände lädt „Feng-Sha" (schädliche Windenergie) ein; ein zu niedriges Gelände lädt „Shui-Sha" (schädliche Wasserenergie) ein. Ein ideales Gelände ist weder zu hoch noch zu niedrig. Das Studium des Feng-Shui von Wohnsitzen ist eigentlich ein Studium der Balance und der Harmonie. Um Feng Shui zu erlernen muss man erst die „Kunst der Balance und Harmonie" meistern.

3. Vermeide es auf einem Gelände zu leben, das von schädlichen Geistern betroffen ist

Ich habe einmal eine Feng Shui-Messung für ein sehr ruhiges, elegantes Haus durchgeführt. Gelegen in einer netten Nachbarschaft, besaß das Haus eine schöne Form und eine Glück verheißende Raumaufteilung. Die Möbel waren sogar in Übereinstimmung mit den Regeln des Feng Shui angeordnet. Der Hauseigentümer hatte zuvor mehrere berühmte Feng Shui-Meister konsultiert und es wurde ihm gesagt, dass alles ausgezeichnet war. Sobald ich das

Haus betrat, konnte ich trotzdem etwas Ungewöhnliches über das Haus verspüren.

„Ich glaube nicht, dass irgendetwas mit dem Feng Shui des Hauses falsch ist, aber es liegt etwas Merkwürdiges in der Luft, die Gegenwart von ungewöhnlicher Geisterenergie", teilte ich dem Eigentümer mit.

Der Eigentümer fragte mich: „An welchem besonderen Ort des Hauses ist die Energie am stärksten?"

Meine übersinnliche Wahrnehmung einstellend ging ich durch jeden Raum des Hauses bis ich zum Schwimmbecken im Garten hinter dem Haus kam. Ich blieb davor stehen und sagte: „Dies ist der Ort."

Der Eigentümer bemerkte: „Lebender Buddha Lian-Shen, Sie sind tatsächlich außergewöhnlich. Viele ungewöhnliche Begebenheiten passierten gerade an diesem Schwimmbecken."

Der Eigentümer zählte dann folgende Begebenheiten auf: Leute, die in dem Becken schwammen, verspürten unerträgliche Kälte, nachdem sie sich eine kurze Weile im Becken aufgehalten hatten. Jeder, der im Becken schwamm, erlitt Wadenkrämpfe. Wenn man alleine schwamm, fühlte man gelegentlich ein Ziehen an den Beinen und wenn man unter Wasser schwamm, konnte man die Gegenwart einer anderen Person verspüren, die neben einem schwamm. Manchmal, spät in der Nacht, wenn niemand schwamm, konnte man Wasserplätschern hören.

„Oh! Schädliche Geister hausen dort", sagte ich.

Nachdem die Angelegenheit eingehend untersucht wurde, stellte sich heraus, dass vor dem Bau des gegenwärtigen Hauses ein altes Krankenhaus auf dem Grund gestanden hatte. Das Schwimmbecken befand sich dort, wo sich das Leichenschauhaus des Krankenhauses befunden hatte. Weil das Krankenhaus schon so alt war und anderer Bedarf für das Land bestand, wurde es abgerissen und ersetzt. Die Geisterenergie des ursprünglichen Krankenhauses wurde jedoch nicht abgebaut und dies führte zum Sichtbarwerden eines merkwürdigen Phänomens.

Ein Haus kann „schädliche Geister" von der Erde, auf das es gebaut ist übernehmen, weil solche Geister zuvor im Erdboden existiert haben. Beispiele für solche Orte sind Ruinen von Tempeln, Krankenhäuser, Friedhöfe, alte Schlachtfelder, Hinrichtungsstätten, Orte, an denen ein Mord stattgefunden hat, Orte, an denen eine Katastrophe durch Feuersbrünste, Erdbeben oder andere Katastrophen stattgefunden hat und Schreine. Wenn ohne ersichtlichen Grund an solchen Orten merkwürdige Erscheinungen auftreten und Missgeschicke passieren, dann liegt das gewöhnlich an der Gegenwart von „schädlichen Geistern". Tötungsdelikte treten ebenfalls unerwartet an Orten auf, wo sich schädliche Geister befinden.

Um mit so einer Situation umzugehen, befürworten einige Feng Shui-Meister, dass man 50 Zentimeter des Oberbodens von dem ursprünglichen Ort planiert und abträgt und diese alte Erde durch saubere Erde zu ersetzt. Die Erde zu entfernen, die von Geistern besetzt ist, ist ein Weg um die schädliche Energie zu kontrollieren.

Wenn jedoch ein Haus bereits aufgebaut ist, kann man nur eine der folgenden „abwehrenden" Methoden anwenden.

Praktizierende des Taoismus können die „Neun Phönixe Reines Wasser Methode, die Unreinheiten beseitigt" anwenden. (Diese Methode wurde in einem meiner früheren Bücher besprochen).

Praktizierende des Buddhismus können zuerst das Große Mitgefühl-Dharani singen, um das Große Mitgefühl Dharani-Wasser vorzubereiten und dann das Wasser vom Inneren des Hauses nach außen hin zu versprengen. Danach sollte man Stücke von grünem Bambus vorbereiten, diese schälen und auf jedes Stück das Erdgott-Mantra „Om, du-lu, du-lu, di-wie, so-ha" schreiben. Als Mittel, um die unheilvolle Energie zurückzuhalten, muss man anschließend die Bambusstücke in die Erde um das Haus herum stecken. Das bedeutet, dass Geister, die dem Erdboden anhaften, die Leute, die auf diesem Land leben, nicht stören können und auch das Land nicht mehr betreten können.

Mehr konventionelle Methoden schließen das Versprengen von heiligem Wasser durch katholische Priester, die taoistische Reinigungsmethode und buddhistische Rituale des mitfühlenden Singens und die Bardo-Befreiung mit ein.

Nicht alle Häuser, die von schädlichen Geistern heimgesucht wurden, sind auf Grund gebaut, das einst von Tempeln, Friedhöfen, Krankenhäusern, Schlachtfeldern oder Hinrichtungsstätten besetzt war. Ich habe einmal eine Messung für ein Haus mit schädlichen Geistern durchgeführt, dessen Besitzer ein Kenner von Antiquitäten war. Er häufte eine Sammlung von antiken Betten, Tischen, Schreinen und Gegenständen an, von denen einigen „Geister“ anhingen. Die ganze Familie befand sich in Aufruhr, ohne zu wissen warum.

Bestimmte Gegenden ziehen deshalb auch schädliche Geister an, weil das Erd-Chi zunächst sehr stark „Yin“ ist. Geister und Gespenster lieben es, sich an solchen Orten zu versammeln. Dazu gehören dunkle Kinos, tiefe und abgesonderte Täler, ungewöhnliche Schlösser und alte Häuser.

Viele Feng Shui-Meister haben kein Heilmittel für ein Haus, dessen Energie von Geistern in Beschlag genommen worden ist. Mein Studium der geistigen Welt hat mir einen Einblick in die „schädlichen Geister“ gegeben, die Energiestörungen verursachen. Feng-Shui ist die Kunst des Ausgleichens der feinen magnetischen Energiefelder eines Hauses oder Gebäudes. Wenn die Energie des magnetischen Feldes eines Hauses reibungslos fließt, verspüren dessen Bewohner Frieden und Annehmlichkeit. Wenn das magnetische Feld gestört ist, zieht Chaos auf und die Leute in dem Haus erleben Unrast und Hürden in ihren Beziehungen.

Schädliche Geister sind unsichtbar. Gemäß den Geheimnissen der Erdmagie bedeutet die Anwesenheit von schädlichen Geistern, dass das Haus ein Spukhaus ist. Für gewöhnliche Leute ist es besser, nicht in so einem Spukhaus zu leben. Ich jedoch, der Lebende Buddha Lian-sheng, liebe es an Orten zu leben, an denen es spukt, weil ich die zerstörenden Schwingungen dieser Wesen in harmonische Frequenzen umwandeln kann. Indem man sich mit den Gespenstern anfreundet, werden sie zu deinen Helfern. Feng Shui-Fachleute brauchen keine Angst vor schädlichen Geistern zu haben, weil diese angeworben werden können, um die Geschäfte, Harmonie und Glück im Leben zu steigern.

4. Vermeide es auf seltsam geformten Grundstücken zu leben

Was sind seltsam geformte Grundstücke? Seltsam geformte Grundstücke sind unvollständige oder zerstückelte Grundstücke. Was die fünf Elemente angeht:

- Runde Grundstücke werden Metall zugeordnet.
- Rechteckige Grundstücke werden Holz zugeordnet.
- Besenförmige oder unregelmäßig geformte Grundstücke werden Wasser zugeordnet.
- Dreieckige Grundstücke werden Feuer zugeordnet.
- Quadratische Grundstücke werden Erde zugeordnet.

In städtischen Gegenden sind die meisten seltsam geformten Grundstücke dreieckig oder unregelmäßig geformt und beides eignet sich nicht als Wohnsitz.

Es ist schwierig eine Raumaufteilung für dreieckig geformte Häuser zu entwerfen und das ungeordnete und asymmetrische Muster für ungleichförmig geformte Häuser stellt Probleme dar, eine harmonische Raumaufteilung zu entwerfen. Bei der Auswahl von Grundstücken sollte man seltsam geformte Grundstücke vermeiden, auch wenn diese billiger sein sollten. Diese Grundstücke ziehen schädliches Chi an und die Menschen, die auf ihnen leben, werden allmählich den schädlichen Einflüssen unterworfen und können eine „Zersplitterung" entwickeln. Ein Vergleich könnte zwischen der Form eines Hauses und der eines Menschen gemacht werden. Ein unvollständiges Grundstück ist analog zu einer Person mit fehlenden oder verformten Gliedmaßen und Gesichtszügen.

Ein dreieckiges Grundstück, bei dem sich eine seiner Ecken auf der Vorderseite befindet, zieht „Huo-Sha" (schädliche Feuerenergie) an und seine beiden Seiten, die linke und die rechte, ziehen „Feng-Sha" (schädliche Windenergie) an. Wegen zu vieler Winkel lädt ein unregelmäßig geformtes Haus Schaden für sich selber oder andere ein. Deshalb sollte man, wenn man ein Grundstück kauft um ein Haus zu bauen, nach einem quadratischen, rechteckigen oder kreisförmigen suchen und sich von den seltsam geformten Grundstücken fernhalten. Ein seltsam geformtes Grundstück kann man für den Bau von Geschäftsgebäuden in Erwägung ziehen, solange niemand darin lebt.

Ein gebräuchliches Element, das den meisten seltsam geformten Grundstücken gemeinsam ist, ist das Vorhandensein von einem oder mehr heraussstehenden Merkmalen. Herausstehende Merkmale werden mit äußerst starken Windkräften assoziiert und Bewohner, die eine lange Zeit in solchen Häusern leben, geraten unter diese Einflüsse und werden extrem in ihrer Persönlichkeit. Das magnetische oder feine Energiefeld solcher Orte ist „stark und chaotisch" und kann das Risiko eines Unfalles bei seinen Bewohnern steigern. Leute, die in Häusern mit starken magnetischen Feldern leben, erleben keine Friedlichkeit. Wenn es sich um ein Geschäftsgebäude wie eine Bank, ein Krankenhaus, einen Supermarkt oder ein Warenhaus (wo ein großer Teil von Fußgängerverkehr besteht) handelt, dann kann eine starke magnetische Kraft sogar vorteilhaft sein.

Ein fachkundiger Feng Shui-Meister würde die Methode kennen, wie man die übermäßig starke magnetische Kraft in eine Glück verheißende Richtung umlenkt und auf diese Weise den Händlern mehr Geschäftsbetrieb bringt.

Wenn jedoch andererseits die übermäßig starke magnetische Kraft eines seltsam geformten Grundstückes nicht in eine Glück verheißende Richtung gelenkt wird, wird die starke Kraft Schurken mit bösen Absichten anlocken, was Bankraub, medizinische Streitfälle, Einbrüche und Unterschlagungen, die im Handel am meisten verhasst sind, zur Folge hat. Eine „dynamische Lebenskraft" kennzeichnet das Glück. Im Gegensatz dazu sind auf solchen Grundstücken das Vorkommen von Verbrechen wie Brandstiftung, Mord, Vergewaltigung und laszives Verhalten ein Anzeichen für das Vorhandensein schädlicher Energie.

Wenn die starke feine Energie in eine Glück verheißende Richtung geleitet werden kann, wird dies eine „dynamische Lebenskraft" zur Folge haben. Wenn sie dagegen in eine unheilvolle Richtung geleitet wird, würde dies in furchtbare Verbrechen ausarten. Ein fachkundiger Feng Shui-Meister wäre jemand, der die Kenntnisse hat, das Erd-Chi zu leiten.

Ich habe eine Feng-Shui-Messung für eine Familie durchgeführt, deren Haus auf einem seltsam geformten Grundstück gebaut war. Als ich sie traf, war die Familie mit ihrem Glück am Boden. Mehrere Familienmitglieder waren bereits an fünf Autounfällen beteiligt, einige davon sehr schwere. Auch zeigte jedes Mitglied der Familie eine Art von neurotischem Verhalten. Ich stellte fest, dass dieses schädliche Verhalten durch ein dreieckig geformtes Haus verursacht wurde, in dem sie lebten.

Die Familienmitglieder hatten ein hitziges Temperament und waren leicht erregbar. Der Eigentümer und seine Frau stritten täglich und ihre Kinder beteiligten sich an Bandenaktivitäten. So ein extremes Verhalten entwickelt sich mit der Zeit durch den Einfluss von schädlicher Feuerenergie aus der Spitze vorne und von schädlicher Windenergie von beiden Seiten des Dreiecks. Das Haus wurde auf einem dreieckigen Grundstück gebaut, das durch sich überschneidende Straßen geformt worden war.

Ich stellte fest, dass wegen der durch die Hausform vorgegebenen Bedingungen, die Schlafzimmer alle nach vorne zugespitzt und im hinteren Teil breit waren. Ich teilte dem Eigentümer mit: „Ihre Töchter werden Mätressen werden."

„Meister Lian-sheng, Ihre übersinnliche Lesart ist äußerst richtig."

„Das kommt nicht von meiner übersinnlichen Lesart. Wenn ein Schlafzimmer schief ist, kann man natürlich nicht eine rechtmäßige Ehefrau werden, sondern nur eine Geliebte", antwortete ich. Die zwei Töchter des Eigentümers, die recht schön waren, hatten sich beide in verheiratete Männer verliebt. Abgesehen von ihren Beteiligungen an Bandenaktivitäten, schienen sie sich besonders von verheirateten Männern angezogen zu fühlen.

„Was kann man da tun?" Der Eigentümer war ziemlich traurig.

„Leben Sie nicht weiter auf einem seltsam geformten Grundstück. Es ist besser umzuziehen. Finden Sie irgendwo anders ein schönes, ruhiges Haus und wandeln Sie dieses Haus in ein Geschäft um. Dies würde sowohl Ihnen als auch dem Haus einen Vorteil bringen.

Ich, der Lebende Buddha Lian-sheng, glaube, dass es das Beste ist, sich von seltsam geformten Grundstücken fernzuhalten, weil diese

sowohl die Eigenschaft „Fließvermögen“ als auch die Eigenschaft „Extremheit“ besitzen, die sich in Gewalt und Chaos verkörpern.
Wann immer diese Grundstücke für Geschäftsgebäude genutzt werden, sollte ein fachkundiger Feng Shui-Meister zur angemessenen Leitung des „chaotischen Chi“ in eine Glück verheißende Richtung konsultiert werden. Wenn mit dem „chaotischen Chi“ nicht vorsichtig umgegangen wird, kann es Gewalt anstelle von Harmonie bringen. So eine schädliche Disharmonie kann äußerst heftig sein. Alleine der Gedanke an solche Umbrüche reicht aus, um einen zum Schaudern zu bringen.

5. Schlüssel zur Auswahl von Wohngrundstücken

Abgesehen von „hochgipfligen“, „niedrigen und überschatteten“, „von schädlichen Geistern heimgesuchten“ und „seltsam geformten“ Grundstücken, die in den vorhergehenden Kapiteln erwähnt wurden, gibt es noch viele andere Orte, die unheilvoll sind und deshalb ungeeignet zum Aufbau von Wohnhäuser. Bei der Auswahl des Grundstückes ist es unbedingt notwendig, dass man einen fachkundigen Feng Shui-Meister konsultiert und ihn einlädt an dem Ort eine gründliche Messung durchzuführen.
An Orten, wo der Erdboden überwiegend sandig ist, ist es nicht ratsam ein Haus zu bauen. Erd-Chi leitet sich im Sand sehr schnell ab und deshalb mangelt es dieses Orten an einer Menge von Erd-Chi. Man kann auch steinigen Grund ausschließen, weil das Erd-Chi sich auch hier sehr schnell ableitet. Orte mit nicht Nichtvorhandensein von „nährendem Chi“ können mehr Schaden anrichten als Gutes zu tun.
Erdboden mit gutem Erd-Chi besteht zum Teil aus Lehm, zum Teil aus gewöhnlicher Erde. Es sollte genug Festigkeit in der Erde vorhanden sein um einen Klumpen aus ihr zu formen, wenn man sie mit der Faust festhält und zusammendrückt.

Es ist auch am besten, wenn der hintere Teil des Grundstückes ein wenig höher liegt als der vordere. So eine geographische Form zeigt sowohl das Vorhandensein von „Rückhalt" als auch das Aufweisen eines „angemessenen Behälters", um das zusammenlaufende Erd-Chi zu empfangen. Häuser an solchen Orten sitzen ordentlich auf „Stühlen", die von der großen Erde zur Verfügung gestellt werden.
Bevor man das Haus baut, sollte man die rechte und linke Seite des Geländes nach geographischen „Armlehnen" inspizieren. „Armlehnen" repräsentieren sowohl „Wächter" als auch „Wohltäter" und sie symbolisieren auch das „Lagern und die Ansammlung von Chi", was anzeigt, dass Hilfe in vielen Formen kommen wird.
Ein wünschenswerter Ausblick von der Front aus beinhaltet eine weite Aussicht, die flach ist oder nach vorne hin leicht schräg abfällt, vorausgesetzt dass es dort keine abgebrochenen Felsen oder tiefe Senken gibt. Es ist noch besser, wenn die Aussicht einen landschaftlich reizvollen See in der Ferne mit einschließt. Es ist in Ordnung, wenn andere Häuser direkt gegenüber dem eigenen Haus liegen, solange die eigene Eingangstür nicht direkt auf die Ecke eines anderen Hauses blickt.
Eigentlich kann man die vier Hauptregeln für die Auswahl einer Grabstätte auch auf die Auswahl eines Wohnsitzes anwenden. Diese sind: „Rückhalt aufweisen", „auf der rechten und linken Seite Armlehnen aufweisen", „einen `zurückstrahlenden´ Wasserkörper auf der Vorderseite aufweisen" und „eine Insel im Wasser aufweisen". Diese vier Richtlinien zur Auswahl eines „Yin-Wohnsitzes" (für die Verstorbenen) sind die gleichen wie für die Auswahl eines „Yang-Wohnsitzes" (für die Lebenden).
Baugrundstücke in den Städten sind im Allgemeinen recht flach, aber indem man die Richtung, in der die Flüsse fließen oder den Wasserverlauf beobachtet, kann man feststellen, welcher Fleck höher und welcher tiefer liegt. Achte auf die Festigkeit des Erdbodens. Untersuche die Gebäude auf beiden Seiten, um zu sehen ob sie gepflegt und angenehm für das Auge sind. Berücksichtige die Möglichkeit von jedweder Blockierung der Vorderansicht, die nach dem Abschluss des Baus stattfinden könnte. Da man im Allgemeinen plant für eine lange Zeit in einem maßgeschneiderten Haus in

einer ausgewählten Lage zu leben, hilft ein wunderschöner Ausblick tagein und tagaus das Gemüt zu besänftigen.
Wenn andererseits der Ausblick nach vorne eine Müllhalde, ein Leitungsmast, die Ecke eines anderen Hauses oder eine Hühnerfarm ist, kann dies Hindernisse und Unannehmlichkeiten in der Atmosphäre schaffen und Barrieren in dem emotionalen Wohlbefinden der gesamten Familie verursachen. Das Erd-Chi kann auch zerstört werden, wenn man vor dem Haus Gemüse oder andere Anbaupflanzen wachsen lässt, eine Düngergrube vorne baut und Hühnerdung in der Grube lagert, um die Pflanzen zu düngen. Man sollte sich dessen bewusst sein und auf folgende andere Merkmale, die auch einen großen Einfluss auf das Erd-Chi haben, besondere Aufmerksamkeit richten: eine Müllverbrennung vor dem Haus, eine auf das Haus zuführende Straße, ein Schornstein vor dem Haus und Tempel vor und hinter dem Haus.
Bevor man ein Grundstück kauft, ist es notwendig etwas über die Geschichte des Grundbodens herauszufinden. Reisfelder, trockenes Ackerland, Wälder, Farmen, Fabriken, Weiden, Wege und Wiesen sind günstig, Orte nach Feuerkatastrophen, hundertjährige Häuser, Hinrichtungsstätten, Friedhöfe, Tempel, Krankenhäuser, Krematorien, abgelegene Grabstätten und historische Monumente sind ungünstig um Wohnsitze zu bauen.
Wenn man ein Haus auf dem Land bauen will, wo sich zuvor eine Hühnerfarm, ein Hof mit Viehbestand oder eine Schweinefarm befunden haben, dann muss man zuerst 50 Zentimeter des Mutterbodens abtragen und ihn durch saubere Erde ersetzen. Wenn das geschehen ist, dann wird das Land in Ordnung sein.
Wenn man ein Haus auf einem Boden bauen muss, der von schädlichen Geistern besetzt ist, sollte man zukünftige Hindernisse abwehren, indem man zuerst Frieden mit den Geistern schließt und dann das Land reinigen lässt. Buddhistische Mönche oder Nonnen können zum Singen von Sutren eingeladen werden, um zu helfen die Geister zu befreien und für Frieden zu beten.
Wenn ich, der Lebende Buddha Lian-Sheng, Feng Shui-Messungen für Wohnorte durchführe, inspiziere ich immer zuerst das Land, bevor ich mir das Haus ansehe. Dies dient dazu die gesamte Erd-

energie zu studieren. Wenn die gesamte Erdenergie stark ist, werden die Menschen, die dort leben auf jeden Fall Erfolg haben. Wenn die gesamte Energie schwach ist, wird es mit dem Glück der Bewohner auf jeden Fall abwärts gehen. Große Häuser sollten mit einem starken Erd-Chi gepaart sein, während kleine Häuser mit einem Erd-Chi gepaart sein sollten, das zu der kleiner Größe passt.

Ein kleines Haus auf einem Land mit großer Erdenergie zu bauen ist eine Verschwendung. Ein großes Haus auf einem Land mit schwacher Erdenergie zu bauen fordert zum Abstieg auf.

Ein anderer zu berücksichtigender Faktor sind in städtischen Gebieten Straßen, die in alle Richtungen strahlenförmig wegführen. Autos, die auf den Straßen dahineilen, tragen auch zur gesamten Atmosphäre des Umfeldes bei. Einige Straßen sind gerade, während andere Zick-Zack laufen und sich winden.

Gerade Straßen können das Problem von „einem nahenden Angriff von Chi, das auf einen zukommt“ verursachen. Sich windende Straßen können eine „außerhalb des Bogens-Situation“, spezifisch für Kurven, schaffen.

Es ist das Beste, wenn man vermeidet Häuser an Straßen zu bauen, die durch entgegenkommende Straßen belastet sind oder sich auf der gewölbten Seite (Konvex-Seite) oder außerhalb einer Kurve befinden. Ich werde diese Faktoren in späteren Kapiteln genauer erklären. (Ein Ort der einer entgegenkommenden Straße gegenübersteht kann für Gebäude wie eine Polizeistation, Stadthäuser oder Tempel genutzt werden).

Ich bin mir bewusst, dass manche Leute bis heute Feng Shui immer noch als reinen Aberglauben betrachten. Die Wahrheit ist, dass Feng Shui kein Aberglaube ist, sondern vielmehr ein Studium der Umgebung auf einem tiefsinnigen Niveau. Eine wunderschöne Umgebung führt naturgemäß zur Verschönerung des Gemüts und Geistes. Wenn sich Gemüt und Geist in Frieden und Harmonie befinden, wird man in seinen Unternehmungen Erfolg haben. Schließlich hat die Mutter von Menzius (Ein Weiser und Schüler von Konfuzius), als Menzius ein Kind war, ihren Haushalt dreimal verlegt, denn nur so konnte sie die perfekte und wundervolle Umgebung finden, um ihn aufzuziehen.

Dieses Kapitel beinhaltet natürlich nur die wichtigsten Grundrichtlinien bei der Auswahl eines Wohnsitzes. Es gibt Richtlinien, die viel detaillierter und tiefgründiger sind, auf die ich in Zukunft eingehen werde, wenn sich Gelegenheit dazu ergibt. Es ist meine Hoffnung, dass dieses Buch den Lesern eine klare Einführung in das Feng-Shui bietet.

6. Natur gedeiht im Wesen der Liebe und geht unter in ihrer Abwesenheit

Der berühmteste Vers, den Meister Hung-Jen, der Fünfte Zen-Patriarch geschrieben hat, ist folgender:

Samen gesät mit dem Wesen der Liebe,
wachsen um Früchte zu tragen;
In der Abwesenheit des Wesens der Liebe oder der Samen,
existieren weder Natur noch Leben.

Dieser Vers ist auch äußerst zutreffend für die Kunst des Hauswesen-Feng Shui. Gemäß den Geheimnissen der Erdmagie ist der entscheidende Faktor, der über den Erfolg oder Misserfolg eines Hauses bestimmt, das „Wesen der Liebe“ oder dessen Abwesenheit.
Mit dem Wesen der Liebe oder Zuneigung erblüht der Haushalt.
Ohne das Wesen der Liebe oder Zuneigung verfällt der Haushalt.
Diese Eigenschaft, dieses „Wesen der Liebe“, kann in einem Haus entdeckt werden ebenso wie sie in einer Blume entdeckt werden kann. Wenn eine Blume üppig blüht, einen wundervollen Duft verströmend, befindet sie sich in ihrem schönsten und glorreichsten Moment. Wenn eine Blume verwelkt und leblos ist, ihre Blütenblätter brüchig und trocken sind, wissen wir instinktiv, dass der Augenblick des Verfalls gekommen ist.
Beim Studium der menschlichen Gesichter drückt ein lebendiges und gesundes Aussehen mit ausdrucksvollen Augen voller Zart-

gefühl das „Wesen der Liebe“ aus. Andererseits ist ein Gesicht, das ausdruckslos, teilnahmslos, gräulich oder blass mit wenig Lebenskraft ist, ein Gesicht, dass die Abwesenheit des „Wesens der Liebe“ anzeigt. Die Ausdrucksweise „Gesicht einer Witwe“ wurde herkömmlich benutzt um jemanden zu beschreiben, der vollkommen ohne jugendliche Kraft und Leidenschaft ist.

Bei der Analyse der Wohnsitze ist es eine große Kunst zwischen denen mit dem „Wesen der Liebe“ und denen die dieses Wesen nicht haben zu unterscheiden. Wenn das Äußere eines Hauses lebendig und dynamisch erscheint, ohne jegliche kollidierende Elemente, kann man es einfach als das „Wesen der Liebe“ besitzend beschreiben. Viele Häuser mit vorstehenden Kanten sehen sehr dynamisch aus, aber wenn kollidierende Formen überall existieren, dann mangelt es ihnen an dem „Wesen der Liebe.“

Häuser, die zu überladen sind, sehr rissig, unangenehm flach oder lächerlich und unverhältnismäßig aussehen, gehören zur Kategorie der Häuser mit „Mangel an dem Wesen der Liebe.“

Ein wahrhafter Feng Shui-Praktizierender kann das Äußere eines Hauses beobachten und rasch entscheiden, ob es das „Wesen der Liebe“ besitzt oder nicht. Diese Kenntnisse kann man nur nach vielen Jahren der eindringlicher Beobachtung und Übung erlangen. Beim Betrachten eines Hauses kann ein erfahrener Feng Shui-Meister mit Sicherheit einschätzen, ob das „Wesen der Liebe“ existiert.

Ich, der Lebende Buddha Lian-Sheng, empfinde, dass das Beurteilungsverfahren eines ist, das vollkommen von den eigenen Sinnen abhängt und nicht durch Worte übermittelt werden kann. Es ist eine Fähigkeit, die Jahre der fachlichen Ausbildung erfordert, um sie zu entwickeln. Erfahrene Feng Shui-Meister wissen wonach sie suchen müssen, während unerfahrene nicht in der Lage sein werden es auf den Punkt zu bringen. Ein wirklich fähiger Feng Shui-Meister kann mit einem „Schnüffeln“ am Haus oder durch das Beobachten seines Chis wissen, ob das „Wesen der Liebe“ existiert.

Dies sind die geheimen Schlüssel zum Studium der äußeren Erscheinung eines Hauses.

Zusätzlich hängt das „Wesen der Liebe“ eines Hauses auch von der „magnetischen Geburtsorientierung“ seines Eigentümers ab. Jede

Person ist mit zwei großen „Glücks-„ und zwei großen „Unglücks"-Orientierungen innerhalb der 360 Richtungen auf dem Kompass geboren.
Wenn die Orientierung eines Hauses kompatibel ist mit der magnetischen Geburtsorientierung seines Eigentümers (d. h., wenn die Orientierung des Hauses einer Orientierung entspricht, die günstig für den Eigentümer ist), dann existiert das „Wesen der Liebe" in dem Haus.
Wenn die Orientierung des Hauses nicht kompatibel ist mit der magnetischen Geburtsorientierung des Eigentümers, dann mangelt es dem Haus am „Wesen der Liebe".
Deshalb begründen Feng Shui-Fachleute ihre Beurteilung des Hauses darauf wie günstig die Orientierung ist in Beziehung auf den Eigentümer. Wenn die Orientierung kompatibel ist zum Eigentümer, dann wird sie Glück und Wohlstand bringen. Wenn es Konflikte gibt oder nicht kompatible Zustände, dann werden Unglück und Katastrophen folgen. Dies basiert vollständig auf den Theorien und Richtlinien der „magnetischen Geburtsorientierung".
Im Allgemeinen benutzen Feng Shui-Meister das System der zwölf ausrichtbaren Punkte, in denen die Zwölf Erdzweige zwölf spezifischen Richtungspunkten eines Kompasses zugeordnet sind. Jede Person ist unter einem der Zwölf Erdzweige geboren, von denen jedem ein Tiersymbol zugeordnet ist. Die Zwölf Erdzweige sind: tzu, ch´ou, yin, mao, ch´en, ssu, wu, wei, shen, yu, hsu und hai. Allerdings bevorzugen einige Feng Shui-Meister auch das System der Vierundzwanzig Richtungspunkte. Andere wiederum bevorzugen die Methode der Neun Sterne oder Acht Richtungspunkte. Mein persönliches Empfinden ist, dass die Methode der Zwölf Richtungspunkte die Richtigste ist, auch wenn eine Kombination von verschiedenen Methoden genutzt werden kann.
Deshalb sind meiner Meinung nach die zwei Grundelemente zur Bestimmung des Glückes eines Hauses die „Orientierung" und das „äußere Erscheinungsbild". Wenn die Orientierung eines Hauses für den Eigentümer des Hauses vorteilhaft ist, dann ist das Nächste, was man berücksichtigen muss, das Äußere. Bevor man ein Haus baut, sollte man vielleicht in Erwägung ziehen einen wahren Feng Shui-

Experten zu konsultieren, weil die äußere Erscheinung des Hauses oft festlegt, ob die Anwesenheit oder die Abwesenheit des „Wesens der Liebe“, „Friedlichkeit oder Pech, Glück oder Katastrophen“ da sein werden.

Ich wurde einmal zu einer Feng Shui-Messung in eine Villa im westlichen Stil eingeladen. Nachdem ich einmal um das Haus herumgegangen war, sagte ich mit Bestimmtheit zum Eigentümer: „Wer auch immer in diesem Haus lebt, hat Tumore in seinem Körper.“

Der Eigentümer frage mit Erstaunen: „Meister, woher wissen Sie das?“

„Wie kann ich das nicht wissen! Es gibt überall in diesem Haus Tumore.“

Später fand ich heraus, dass die Hausherrin Tumore in ihrer Gebärmutter, in den Eingeweiden (insgesamt drei) und auch im Magen hatte. Sie hatte zahlreiche Operationen hinter sich!

Das äußere Erscheinungsbild des Hauses spielt eine sehr wichtige Rolle. Wenn es dynamisch ist, mit gleichmäßigen architektonischen Linien, die nicht mit dem Umfeld kollidieren, dann besitzt das Haus das „Wesen der Liebe“ und wird mit Sicherheit seinen Bewohnern Wohlstand bringen. Andersherum wird es Verfall vorantreiben.

„Natur gedeiht im Wesen der Liebe und verfällt in ihrer Abwesenheit“ ist in der Tat eine goldene Redensart.

7. Wechselbeziehung zwischen einem Haus und dem menschlichen Körper

Gemäß meinem Lehrer, dem taoistischen Meister Ch´ing Chen, gilt: „Nachdem man viele Jahre in demselben Haus gelebt hat und demselben Umfeld und magnetischen Feld unterworfen war, nimmt eine Person allmählich die Charaktereigenschaften dieses Hauses an.“

In dem Buch *Geheimnisse der Erdmagie* wird folgender Vergleich zwischen einem Haus und einem menschlichen Körper angestellt:

Die Vorderseite des Hauses entspricht den Gesichtszügen einer Person. Die linken und die rechten Seiten sind die oberen und unteren Gliedmaßen. Das Wohnzimmer entspricht dem Herzen. Das Badezimmer ist wie die Nieren. Die Küche entspricht der Leber. Das Schlafzimmer ist wie die Lunge. Das Esszimmer entspricht der Milz. Basierend auf den oben genannten Entsprechungen können Defekte in bestimmten Bereichen des Hauses einen unmerklichen Einfluss auf die Gesundheit und das Schicksal des Oberhauptes des Hauses haben. Natürlich kann die Wechselbeziehung zwischen bestimmten Teilen eines Hauses und denen eines menschlichen Körpers nicht hundertprozentig genau sein. So wie manche Leute das Wohnzimmer auch als Essraum nutzen und andere ihre Badezimmer innerhalb ihres Schlafzimmers angebracht haben, gibt es manchmal keine eindeutige Trennung zwischen den verschiedenen Funktionen der Räume.

Dennoch, so hat es mir der taoistische Meister Ch´ing Chen erzählt, kann ein Fachmann tatsächlich nach einer sorgfältigen Einschätzung des Hauses dessen Probleme bestimmen.

Wenn ich früher Feng Shui-Messungen für andere durchgeführt habe, habe ich oftmals meinen Schülern die baulichen Merkmale aufgezeigt, die Risiken für „Operationen“ und „abnormales Wachstum“ darstellten.

Ausführungsmängel, die in Häuser gefunden wurden, die „Operationsrisiken“ darbieten sind: unvollständige Einfriedung um das Haus herum; ein Dachfenster im Dach; ungleichmäßige Fenster im Verhältnis zum Haus; zufällige Positionierung von Türen; zu viele Türen, die nach außen führen oder unangemessene und ungleichmäßige Positionierung von Türen im Haus. All dieses sind Merkmale für „Operationsfälle“.

Welche Konstruktionen stellen Risiken für „abnormales Wachstum“ wie Tumore und Krebs dar? Achte während der Vermessung eines Hauses auf jedes „hervorstehende Merkmal“, das mit dem Rest des Hauses kollidiert. Suche nach Dingen, die nicht zu dem Haus passen und betrachte sie, als ob sie angebaut oder hinzugefügt wurden (wie bei einer Person, die einen Buckel trägt). Das Ungleichgewicht kann in der Größe oder Symmetrie liegen. Man muss Acht geben, wenn solche hervorstehenden Merkmale bestehen, weil sie das Risiko für abnormales Wachstum bilden.

Ich, der Lebende Buddha Lian-sheng, bin eher gegen die Idee von Umbauten oder Erweiterungen an einem bestehenden Gebäude. Wenn beispielsweise nichts falsch ist mit der ursprünglichen Bauart des Hausinneren, kommt den Eigentümern oft der Gedanke einen bestimmten Teil des Hauses abzureißen und neu aufzubauen. Oder sie entscheiden sich vielleicht plötzlich ein kleines Zusatzhäuschen hinter dem großen Haus zu bauen. Wenn ein kleines Haus hinzugefügt wird, dann verändert es vollkommen das Feng Shui des gesamten Bauwerkes.

Man sollte wissen, dass bauliche Erneuerungen in einem Haus „Operationen“ anzeigen, während das Hinzufügen von einem Anbau außerhalb des Hauses „zusätzliches Wachstum“ anzeigt.

Manchmal werden Abrisse und neues Aufbauen von Häusern zu beiläufig getätigt. Wenn das Wiederaufbauen und die Hinzufügungen passend sind, dann machen sie nichts aus. Wenn jedoch neue Kollidierungen geschaffen werden, werden sie zu Risiken für Operationen und Auswüchsen. Dies ist so, weil alle Abrisse und Wiederaufbauten Veränderungen des Feng Shui und des magnetischen Feldes des Hauses verursachen. Wenn die Veränderungen ein besseres Feng Shui und magnetisches Feld erschaffen, dann sind sie in Ordnung. Schlechte Veränderungen andererseits können große Katastrophen zur Folge haben.

Bevor man mit irgendwelchen baulichen Erneuerungen oder Erweiterungen beginnt, wäre es am besten, wenn man einen Feng Shui-Fachmann konsultiert. Die Auswahl eines Glück verheißenden Tages aus dem chinesischen Almanach für den Beginn eines Baues ist sehr wichtig. Bauliche Erneuerungen und Erweiterungen, ebenso wie chirurgische Eingriffe, können einen großen Schaden für den Körper mit sich bringen, wenn sie verpfuscht werden.

Ich persönlich achte sehr vorsichtig auf Hausreparaturen. Wenn ein Fenster zerbrochen ist, ein Rohr leckt, eine Wand einen Riss hat, Wasser und Elektrizität nicht laufen oder irgendein Haushaltsgerät defekt ist, sollte man diese Dinge so schnell wie möglich reparieren. Diese kleineren Reparaturen verursachen keine Veränderungen oder

Bedrohung für das Feng Shui. Wenn sie jedoch über einen langen Zeitraum in dem Haus nicht repariert werden, können sie sich auf das psychische Wohlergehen und somit auch auf das Schicksal einer Person auswirken. Versuche deshalb nicht irgendwelche defekten Gegenstände im Haus aufzubewahren. Wenn es irgendein Problem mit der Wasser- oder Stromversorgung gibt, lass sie so schnell wie möglich reparieren.

Es gibt eine Entsprechung zwischen Reparaturen im Haus und präventive Gesundheitsfürsorge. Eine kleinere Erkältung, wenn man sich nicht darum kümmert, kann sich verschlechtern und sich zu einer zusätzlichen Lungenentzündung entwickeln oder sogar zu Problemen mit den Nieren führen.

Ich habe einmal einen Freund besucht und ihm knapp gesagt: „Jeder in Deiner Familie wird operiert werden."

„Warum?", fragte der Gastgeber.

„Weil geradewegs rechts neben dem Magen deines Hauses ein Loch gegraben wurde."

Der Hauseigentümer wünschte sich eine Abkürzung von der Straße zu seinem Haus, darum hatte er die Mauer, die am nächsten zur Straße stand, abgerissen und so einen besonderen Fahrweg geschaffen, während er die zweite Ebene des Hauses intakt ließ.

Merkwürdigerweise wurde in jedem der drei folgenden Jahre nach der Schaffung des neuen Fahrweges ein Familienmitglied operiert.

Der Gastgeber fragte mich, ob es irgendeine Möglichkeit gibt, das Problem zu lösen ohne den neuen Fahrweg wegzunehmen.

Ich nahm ein „Man" (bedeutungsvoll) Datum aus dem Chinesischen Almanach und führte ein „Reparaturritual" durch, um eine unsichtbare Mauer zu errichten. Wie erwartet, benötigte keiner mehr aus der Familie eine Operation. Das „Reparaturritual" bewirkt tatsächlich Wunder.

8. Ausgeglichenheit bedeutet Glück

Jemand frage mich einmal: „Welche Form ist unter all den Hausformen die beste?“
Ich sagte: „Jede Form, die ausgeglichen ist, ist Glück verheißend.“
Auf den ersten Blick mag es scheinen, dass eine architektonisch ausgeglichene Form einfach zu erkennen sein würde, aber in Wirklichkeit kann es recht kompliziert sein.
Manche Leute genießen neuartige und ungewöhnliche Entwürfe und lassen Häuser in seltsam aussehenden Formen bauen. Solange diese Entwürfe mit den Prinzipien der schöpferischen Bewegungen der Fünf Elemente übereinstimmen und nicht kollidieren, kann man sie immer noch als ausgeglichene Entwürfe betrachten. Im Tantrischen Buddhismus (basierend auf der Verbindung der Fünf Chakren und der Fünf erleuchteten Weisheiten) beispielsweise, wurden Stupas, die die Fünf Chakren symbolisieren, von oben nach unten so gebaut, dass sie folgende Formen hatten: Kuppel, verlängerter Halbkreis, Dreieck, Kreis und Quadrat.
Die Fünf Elemente sind Feuer, Holz, Wasser, Metall und Erde. Gemäß den Prinzipien der schöpferischen Bewegungen der Fünf Elemente, erzeugt Erde Metall, Metall erzeugt Wasser, Wasser erzeugt Holz und Holz erzeugt Feuer. Wenn man diese Richtlinien verwendet, dann kann man Bauwerke errichten, die auf den Formen der Fünf Elemente basieren, sie in Urzeigersinn aufstellen und neuartige, ungewöhnliche und originale Gestaltungen entwerfen.
Im Allgemeinen ist jedes herkömmliche ausgeglichene Haus sehr Glück verheißend, wenn man nicht vorsätzlich versucht „elegant“ zu sein.
Ein wichtiger Aspekt, der mitberücksichtig werden muss, ist die Ausgeglichenheit zwischen der „Drachenseite“ und der „Tigerseite“ eines Hauses. Wenn man an der Vordertür steht und nach außen sieht, dann befinden sich die „Drachenseite“ links von dir und die „Tigerseite“ rechts von dir. Die ideale Voraussetzung ist, wenn man den „Drachen“ und den „Tiger“ ausgeglichen hat.
Ein hoch gewachsener Drache könnte durch einen langen Tiger oder ein langer Drache durch einen hoch gewachsenen Tiger ausgegli-

chen werden. Geomantiker betrachten einen hoch gewachsenen oder langen Drachen im Allgemeinen als Glück verheißend und einen hoch gewachsenen oder langen Tiger als unheilvoll.
Die Hausform, die am meisten Glück verheißt, besitzt einen „Grünen Drachen“ und einen „Weißen Tiger“, die übereinstimmen und sich in Balance befinden.
Es gibt einen Feng Shui-Vers, der besagt:

Wenn ein spitzer Gipfel hervortritt aus dem Weißen Tiger Hügel,
Wird die Ehefrau mit Sicherheit ihren Ehemann hintergehen.

Der Vers beschreibt eine Situation, in der der weiße Tiger höher ist als der grüne Drache. Dies impliziert auch, dass ein Diener seinen Meister beherrschen könnte oder die Rollen zwischen Mann und Frau vertauscht sein könnten mit Yin, das das Yang überwältigt. Als Folge davon könnte das Umfeld ein Umfeld der Disharmonie und unausgeglichenen Erdenergie sein, das die unheilvolle Macht des „Sha-Chi“ anzieht und auf große Unglücksfälle hinweist.
Ich führte einmal eine Feng Shui-Messung für den Abt eines Klosters durch. Das Kloster lag mit seinem Rücken nach Nord-Nord-Osten, war vorne nach Süd-Süd-West gerichtet und der Feng Shui-Kompass zeigte dabei das Trigramm „Ken“ an. Vor dem Kloster floss Wasser von Osten nach Süden (von der Chen-Position der Späteren Himmelssequenz zu der Ch´ien-Position der Früheren Himmelssequenz, wie auf dem Kompass angezeigt wurde). Es gab auf keiner Seite des Klosters hervortretende topographische Armlehnen und ich stellte auch fest, dass die Räume, in denen der Abt lebte, nicht auf einer Befehlsposition standen, sondern vielmehr auf der Seite direkt unter dem Hügel des Weißen Tigers.
Ich fragte den Abt: „Wer lebt im Hügel des Weißen Tigers?“
„Die Schüler“, antwortete er.
„Ihr Amt wird Ihnen bald weggenommen werden“, teilte ich ihm mit.
„Warum?“
„Die Lage hier ist die eines Untergeordneten, der den Meister einholt; es ist nur eine Frage der Zeit, bis Sie Ihr Amt verlieren.“

Der Abt war ein ehrenwerter Mönch und meine Feng Shui-Beurteilung machte ihn sichtbar traurig. Mehrere Jahre später hörte ich indes, dass er nicht mehr der Abt des Klosters war.
Ein hoch gewachsener und langer weißer Tiger bedeutet das Vorhandensein einer überwältigenden Macht. Viele Menschen, die an Orten mit einem Hügel des Weißen Tigers leben, werden allmählich Nervosität, Machtgier und Konkurrenzdenken entwickeln oder anfangen dunkle Machenschaften gegen andere zu hegen. Kurzum, es wird kein Glück und kein Frieden in einer solchen Lage geben.
Wenn man ein Land kauft, um ein Haus zu bauen, muss man eindeutig herausfinden, in welche Richtung das Haus blicken wird, da die Richtung des Vordereinganges eine äußerst kritische Rolle spielt. Es ist am besten, wenn für einen die Richtung in Hinblick auf die Festlegung der Richtung am Tag der Geburt günstig ist. Achte auf die Kompatibilität des grünen Drachen und des weißen Tigers. Erlaube dem weißen Tiger nicht höher zu sein oder herauszuragen, weil dies große Missgeschicke bedeutet. Zum Bedauern wird es zu spät sein, wenn die Unglücksfälle bereits eingetreten sind.
Natürlich gibt es taoistische und tantrische Methoden um schlechte Feng Shui- Situationen wie diese abzuwehren oder zu beseitigen. Diese Methoden gehören entweder zu der „Verdrängungskategorie“ oder der „Behebungskategorie“ und könnten vorübergehende Lösungen bieten.
Gewöhnliche Feng Shui-Praktizierende können in der Lage sein eine Situation einzuschätzen und Lösungen anzubieten, aber sie müssen nicht notwendigerweise verstehen, dass in der Kunst und Wissenschaft des Feng Shui die Prinzipien von Tai Chi, Zwei Formen, Vier Erscheinungen, Fünf Elemente, Acht Trigramme und andere Prinzipien, die die Tätigkeiten des Universums beherrschen, mit eingeschlossen sind. An einem Ort, an dem ein Zusammenstoß mit schädlichen Chi oder Angriff von schädlichem Chi existiert, kann man die widrige Lage in eine friedliche umwandeln, indem man die „Verdrängungsmethode“ anwendet. Solche Mittel wenden tatsächlich nicht nur Unglücksfälle ab, sondern können ebenso große Vorteile zur Folge haben. Ihre Wirksamkeit ist in der Tat unvorstellbar.

An Orten (auf der Drachenseite eines Gebäudes) wo ich, der Lebende Buddha Lian-Sheng, Steintafeln für den Drachengeist angebracht habe, haben Menschen oft goldene und grüne Lichter gesehen. Manche haben sogar grüne Drachen gesehen und seine brüllenden Geräusche vernommen. Lichter, hell wie die Sonne oder der Mond, die von den Seiten ausströmten, wurden beobachtet. Um das Problem zu lösen, dass von einem weißen Tiger, der zu hoch gewachsen war, aufgeworfen wurde, ist es notwendig an der Drachenseite die grüne Drachensteintafel des Lebenden Buddha Lian-Sheng anzubringen.

9. Außerhalb des Bogens und innerhalb des Bogens

„Außerhalb des Bogens“ – Wenn wir einen Bogen spannen und dabei einen Pfeil einlegen, wird das Gebiet auf dem die Pfeilspitze zeigt als „außerhalb des Bogens“ betrachtet.

„Innerhalb des Bogens“ – Wenn wir einen Bogen spannen und dabei einen Pfeil einlegen, wird der Abschnitt des Pfeils, der innerhalb des Bogens liegt als „innerhalb des Bogens“ betrachtet.

Einfach ausgedrückt, der Bogen bildet einen Bogen. Das Gebiet, das von einem Bogen eingeschlossen wird, nennt man „innerhalb des Bogens“. Das Gebiet, das außerhalb des Bogens liegt, nennt man „außerhalb des Bogens“.

Wir können zum Beispiel einen Kreis zeichnen und ein Haus innerhalb des Kreises platzieren. Das Haus wäre „innerhalb des Bogens“, egal in welche Richtung es zeigt. Häuser dagegen außerhalb des Kreises stehen in einer „außerhalb des Bogens“-Position. In Begriffen der Topographie können Wasserläufe, Straßen und Gebäude zu Positionen „außerhalb des Bogens“ führen.

Eine Lage „außerhalb des Bogens“, die von einem Wasserlauf geschaffen wird, existiert, wenn ein schlängelnder Fluss, der vor einem Haus fließt, eine Kurve bildet und das Haus außerhalb der

Kurve liegt. Eine Lage „außerhalb des Bogens", die von einer Straße geschaffen wird, existiert, wenn eine schlängelnde Straße vor dem Haus eine Kurve bildet und das Haus außerhalb der Kurve liegt.

Eine Lage „außerhalb des Bogens", die von einem anderen Gebäude geschaffen wird, ist eine Lage, die Häuser trifft, welche in der Nähe eines großen kreisförmig geformten Stadiums liegen, da sie alle außerhalb einer Kurve liegen.

Im Hauswesen-Feng Shui liegen Häuser, die in einer topografischen oder baulichen Kurve stehen, „innerhalb des Bogens." Eine „innerhalb des Bogens"-Lage ist eine, die von Zuneigung genährt wird und die großen Wohlstand erfahren wird.

Im Gegensatz dazu befinden sich Häuser, die außerhalb einer Kurve liegen, die durch den Landschaftsraum oder andere Strukturen geschaffen wurde, in dem Pfad von Mächten, die in der Kurve abprallen. Solchen „außerhalb des Bogens"- Häusern mangelt es am „Wesen der Zuneigung" und sie werden Verfall erleben.

Im Allgemeinen können durch den Landschaftsraum oder die Baustruktur drei Phänomene erschaffen werden: „Innerhalb des Bogens", „außerhalb des Bogens" und „gerade". Die letzte Lage besteht, wenn der Wasserlauf oder die Straße gerade vor dem Haus vorbeiführt und sich vor dem Haus kein gebogenes Gebäude befindet.

Ein wahrer Feng Shui-Praktizierender wird „innerhalb des Bogens"-Gebiete auswählen um Häuser zu bauen und es vermeiden Häuser in Gebieten zu bauen, die „außerhalb des Bogens" liegen. Dies ist so, weil die Baugrundstücke „außerhalb des Bogens" wie „Ziele" sind, auf die mit Pfeilen gezielt wird und die unter dem Angriff von unheilvollen Mächten aus allen Richtungen stehen. In Hinblick auf Erdenergie sind solche Baugrundstücke direkt mit „Sha-Chi" oder dem schädlichen Chi von allen Seiten konfrontiert. Wenn sich jemand unter den unsichtbaren üblen Einflüssen von „Sha-Chi" befindet, wird er mit Sicherheit große Unglücksfälle und größere Unfälle erleben.

Ich, der Lebende Buddha Lian-Sheng, habe festgestellt, dass viele moderne, luxuriöse Häuser „außerhalb des Bogens" gebaut wurden und auf das direkte Ziel von Pfeilspitzen blicken. Wegen dieser luxuriösen „Meisterwerke", entworfen von professionellen Feng Shui-

Beratern, konnte ich nicht anders als aufzuseufzen. Ich schaudere bei dem Gedanken, dass solche Feng Shui-Berater so ignorant und inkompetent sein können! Ich kannte einen reichen Mann dessen Haus „außerhalb des Bogens“ gebaut wurde. Ursprünglich ein mächtiger Geschäftsmann, wurde er direkt nach seinem Einzug in das neue Haus bei einem Autounfall ernsthaft verletzt. Nach dem Unfall litt sein Geschäft auch unter großen Rückschlägen und die Aufträge für sein Unternehmen erlebten einen Sturzflug. Die katastrophale „außerhalb des Bogens“-Position führte auch dazu, dass seine Angestellten Geld von ihm veruntreuten. Es war ein recht trauriger Zustand und wenig später stand die große, luxuriöse Villa leer.
Ich finde, dass viele zeitgenössische Feng Shui-Praktizierende gerne der Richtung, in der das Haus blickt, besondere Aufmerksamkeit schenken. Sie bevorzugen Häuser mit Vordertüren, die nach Südosten, Süden oder Osten zeigen. Häuser, die nach Südwesten, Nordwesten oder Westen zeigen sind unerwünscht, während solche mit Richtung nach Nordwesten oder Norden als durchschnittlich betrachtet werden. So konzentrieren sich viele Feng Shui- Praktizierende darauf mit der Richtung zu jonglieren, die dem Hauseingang gegenübersteht.

Die Wechselwirkung zwischen der Orientierung des Hauses und der magnetischen Geburtsorientierung eines Einzelnen ist natürlich wichtig, aber ob ein Haus mit seiner Haustür außerhalb des Bogens oder innerhalb des Bogens gerichtet steht, ist noch viel wichtiger.

Ich möchte gerne folgendes betonen:

„Innerhalb des Bogens“ = Großes Glück

„Außerhalb des Bogens“ = Großes Unheil

Wenn man bereits ein Grundstück gekauft hat, das „außerhalb des Bogens“ liegt, um dort ein Haus zu bauen oder wenn man bereits ein Haus gebaut hat auf einem Grundstück, das „außerhalb des Bogens“ liegt, wie kann dem dann abgeholfen werden?

Ein wahrer Feng Shui-Meister wird folgende zwei Lösungen anbieten:

1.) „Dieselbe Verkrümmung kopieren“ – Zum Beispiel, ein großes Gebäude, das außerhalb eines Kurvenringes liegt, kann die gebogene Bauweise in seiner Struktur mit aufnehmen.

Eine Bauweise übereinstimmend mit derselben Verkrümmung wie die topographische Kurve ist die beste Methode um üble Einflüsse einer „außerhalb des Bogens“- Lage zu vermeiden. Dieselbe Verkrümmung der Gebäudestruktur anzunehmen wird das „Sha-Chi“ unwirksam machen.

2.) „Gleiche Vergeltung“ – Baue beispielsweise das Gebäude in der Nachbarschaft eines Kreises in einer Kurvenform, die dieselbe, aber gegensätzliche Verkrümmung wie der Kreis hat. Die üblen Mächte, die durch die Kurve im Kreis auf einen gerichtet sind, werden durch eine ähnliche Kurve, die der Bauweise des Hauses innewohnt, abprallen. Die Mächte, die durch die beiden „außerhalb des Bogens“-Positionen erzeugt werden, werden sich gegenseitig ausschließen.

Ich empfinde tief im Inneren, dass es eine enge Beziehung zwischen der „innerhalb des Bogens“-Position und dem Vorhandensein des „Wesens der Zuneigung“ gibt wie auch zwischen der „außerhalb des Bogens“-Position und der Abwesenheit des „Wesens der Zuneigung“. Dies ist eine Beziehung, die die Grundsätze der Erdenergie und deren Bewegungen mit einbezieht. Basierend auf persönliche Erfahrungen beim Studium der verschiedenen Elemente der Topographie und Landschaft, kann man beurteilen, ob ein Haus Glück verheißend ist oder nicht. Die Ebenen, die berücksichtigt werden müssen, sind sehr kompliziert, aber wenn jede Ebene analysiert ist, kann man bestimmen, ob ein Haus „innerhalb des Bogens“, „außerhalb des Bogens“ oder „gerade“ ist. Indem man vorsichtig das Phänomen „innerhalb des Bogens“, „außerhalb des Bogens“ und „gerade“ studiert, wird man große und mysteriöse Wechselbeziehungen zwischen „Himmel“, „Erde“ und „Mensch“ entdecken.

10. Die Positionierung der Eingangstür

Im Allgemeinen betrachten Feng Shui-Praktizierende die Nordost- und Südwest-Positionen als die „Geistertür"-Positionen. Türen sind deshalb nie auf diesen beiden Positionen angebracht.
Die Eingangstür sollte in einer Richtung angebracht werden, die kompatibel ist mit der magnetischen Geburtsorientierung des Oberhauptes des Haushaltes. Türen sind „Chi-Eingänge" und Haupttüren sind „große Chi-Eingänge". Für Leute, die in modernen Mehrfamilienhäusern leben, ist der Haupteingang im untersten Geschoss der „große Chi-Eingang", während die Wohnungstür ein „kleinerer Chi-Eingang" ist.
So wie der Mund einer Person einen großen Einfluss auf ihr Leben haben kann, spielt die Eingangstür eines Hauses eine kritische Rolle, indem sie die Lebensader eines Hauses diktiert. Es gibt eine bekannte chinesische Redewendung, die besagt „durch den Mund finden Krankheiten ihren Weg hinein (durch ungesunde Essgewohnheiten) und Katastrophen ihren Weg hinaus (durch unkluge Worte)".
Einige Geomantiker vertreten folgende Meinungen:

- Eine Eingangstür, die nach Osten gerichtet ist, eignet sich am besten für Geschäfte oder kommerzielle Besitztümer, weil der Osten mit der aufgehenden Sonne und Vitalität assoziiert wird.
- Eine Eingangstür, die nach Süden gerichtet ist, ist von Vorteil für Politiker, religiöse Oberhäupter und Industrielle. Historisch gesehen haben chinesische Kaiser ihre Paläste - ihre Untertanen überblickend – zum Süden hin gebaut. Trotzdem sollte man meiner Meinung nach vermeiden die Eingangstür nach Osten oder Süden hin zu richten, wenn die eigene magnetische Geburtsorientierung nicht damit kompatibel sein sollte.

Ein Schüler stellte mir einmal die Frage: „Sollte eine Eingangstür in der Mitte, auf der Drachenseite (links) oder auf der Tigerseite (rechts) eingerichtet werden?"
„Du hast eine Frage gestellt, die auf mein Geheimnis über die Positionierung der Eingangstür stößt!", antwortete ich.

Als der taoistische Meister Ch´ing Chen mich die Geheimnisse der Erdmagie gelehrt hat, erklärte er mir, dass die Positionierung der Eingangstür durch das Fließen des „Shui-Shen“ oder „Wassergeistes“ (Wasserlauf) bestimmt werden sollte. Dies ist ein großartiges Feng Shui-Geheimnis!

Mittlere Tür – eine mittlere Eingangstür sollte gebaut werden, wenn das „Wassergeist“-Chi sich vor dem Haus ansammelt. Dies wäre der Fall, wenn beispielsweise das Haus einem See oder dem Meer gegenüberliegt. Auch wenn man ein Haus auf einem flachen Grund baut, wo das Land ohne Hügel oder schräge Steigungen ist, ist eine Tür in der Mitte angemessen.

Drachentür – Wenn der „Wassergeist“ von der Tigerseite zur Drachenseite fließt, ist eine Drachentür angemessen. Das ist dann der Fall, wenn vom Inneren des Hauses hinausblickend das Land auf der rechten Seite höher gelegen ist als das Land auf der linken Seite und der Wasserlauf von rechts nach links fließt. Dann sollte das Haus eine Drachentür haben.

Tigertür – Wenn der „Wassergeist“ von der Drachenseite zur Tigerseite fließt, wenn die linke Seite des Landes höher gelegen ist als die rechte und das Wasser von links nach rechts fließt, dann sollte das Haus eine Tigertür haben.

Dieses einfache Geheimnis zur Positionierung der Eingangstür ist unbezahlbar. Eine Tür, die nach diesen Prinzipien positioniert wird, wird eine ausreichende Versorgung mit „Wassergeist“-Chi haben, dem Chi, das Geld bringt. Dieses Chi fließt naturgemäß durch den „Chi-Eingang“ ins Haus und füllt dieses mit Wohlstand.

Ich habe einmal einem Geschäftsmann geholfen die Eingangstür seines Unternehmensgebäudes umzustellen. An so einem Ort sollte das Gebäude eine Drachentür haben, es hatte aber stattdessen eine Tigertür. Er hatte einen Tiefspunkt in seinen Geschäftsunternehmungen erreicht und trotz der großen Bemühungen, war er unfähig neue Aufträge zu erwerben. Die Angestellten arbeiteten ineffizient und das Geschäft kam praktisch zum Stillstand. Nach der Umstellung der Eingangstür, führte die Aufnahme des „Wassergeist“-Chi in das Gebäude zur kompletten Umkehr des Unternehmens. Die ersten Geschäftstransaktionen direkt nach der Umpositionierung waren ein Erfolg und jedermanns Stimmung hob sich. Geschäfte begannen zu blühen und die Zuversicht der Angestellten verbesserte sich wesentlich.

Deshalb ist der wichtigste Faktor, der bestimmt, ob eine mittlere, eine Drachen- oder eine Tigertür eingebaut werden soll, die Richtung in der das „Wasserchi“ fließt und dies ist die beste Positionierung der Eingangstür um dieses Chi aufzunehmen.

Ein andere Schüler fragte: „Was kann man machen, wenn die Position der Eingangstür nicht kompatibel ist mit der eigenen magnetischen Geburtsorientierung?“

„Man kann den Türrahmen versetzen“, antwortete ich.

Indem man den Türrahmen versetzt, wird auch die Richtung verändert. Man kann den Rahmen sogar um 90 Grad drehen. Alle Architekten wissen wie man Türrahmen entwirft und versetzt und indem man das tut, wird die Orientierung des ganzen Hauses nicht verändert, sondern nur die Richtung auf die die Eingangstür gerichtet ist.

Ein anderer Schüler fragte: „Was ist, wenn das Haus eine Drachentür anstatt einer Tigertür haben sollte? Ein Schlafzimmer liegt auf der Drachenseite, was die Schaffung einer Drachentür dort praktisch unmöglich macht. Was sollte man dann tun?“

Der taoistische Meister Ch´ing Chen hat mich folgende Lösung für so einen Zustand gelehrt: Ein Feng Shui-Praktizierender kann eine Steintafel (oder einen Stein) auf einen ausgewählten Fleck stellen, so dass das „Wassergeist“-Chi, wenn es von der Tigerseite zur Drachenseite fließt, auf die Steintafel stößt und zur Tigertür umgeleitet wird.

Meister Ch´ing Chen nutze das Billardspiel, um seine geheime Methode zu veranschaulichen. Um einen Billardball in ein Loch zu stoßen, muss man die Rückstoßkraft eines anderen Balles nutzen. Wenn man diese Feng Shui- Herangehensweise anwendet, trifft das „Wassergeist“-Chi auf die Steintafel, die das Chi ins Haus umleitet.

Um den Ort für die Aufstellung der Steintafel zu lokalisieren, bedarf es jedoch der Expertise eines wahren Geomantikers. Damit die Steintafel als Verstärker der wohlwollenden Energie wirksam wird, sollte sie auch aufgestellt werden, während man passende taoistische Rituale und Gebete anwendet.

Meine Methodik um eine Glück verheißende Orientierung für eine Eingangstür zu erlangen, basiert auf der Theorie, dass jede der Zwölf Irdischen Zweige mit einer magnetischen Geburtsorientierung assoziiert wird. Jede magnetische Geburtsorientierung hat ihrerseits ihre eigene kompatible Orientierung. Bei der Entscheidung, ob eine Tür in der Mitte, rechts oder links angebracht werden sollte, vertraue ich auf die Richtung, in die das Wassergeist-Chi fließt. Ein Verständnis dieser beiden Methoden, den Hauptwerkzeugen bei der Positionierung von Türen, ist ein Wissen, dass jeder Geomantiker besitzen muss.

11. Die zerstörerische Energie von einer Straße, die auf ein Baugrundstück zuführt

Als ich das erste Mal in den Vereinigten Staaten ankam, wohnte ich einige Zeit in der Stadt Tukwila im Staat Washington. Während ich dort wohnte, bemerkte ich ein Geschäft, das am westlichen Ende von Strander, der Hauptstraße der Stadt, lag. Dieses Geschäft änderte oft seinen Namen und hatte praktisch jeden Monat einen neuen Besitzer. Während die Umbauarbeiten im Inneren stattfanden, hing an der Tür ein Schild, auf dem „Geschlossen" stand. Man erzählte mir, dass das Geschäft, das am Ende der Straße lag, innerhalb eines Jahres 12 verschiedene Besitzer hatte. Nachdem ich das Geschäft beobachtet und mir ein Bild von den umgebenden Straßen gemacht hatte, stellte ich den klassischen Fall eines Baugrundstückes fest, auf das die zerstörerische Energie einer auf sie zuführenden Straße zielte.

Strander ist eine lange, gerade Straße mit viel Verkehr und das Geschäft liegt geradewegs am Ende dieser Straße. Viele Autos, die auf dieser Straße fahren, tragen Welle um Welle von Chi mit sich, das direkt auf das Geschäft zielt. Im Geschäft selber ist das wogende Chi turbulent und instabil. Wann immer das Geschäft eröffnet hatte,

würde der Besitzer irgendwann einmal die Lager abbrechen und die Flucht ergreifen.
Amerikaner, die nichts vom Feng Shui verstanden, wunderten sich über die Tatsache, dass so viele Geschäfte an diesem Ort versagten. In Honolulu war ich geschockt, als ich erfuhr, das Mitsukoshi, ein großes Kaufhaus in japanischem Besitz, sein Geschäft verloren hatte und geschlossen worden war. Als ich mir das Geschäft näher ansah, zeigte sich, dass dies ein weiterer Fall von einem Baugrundstück war, auf das eine enorme zerstörerische Energie einer langen, geraden herbeiführenden Straße zielte.
Ein Haus, auf das eine herbeiführende Straße zielt, ist gleichbedeutend mit einem Tier auf das geradewegs Pfeile zufliegen. In dieser Feng Shui- Konstellation, bekannt als „Pfeile, die ins Herz schneiden", ist es schwierig übel wollende Energie in Schach zu halten. Leute mit der besonderen Fähigkeit Chi zu beobachten, können die endlose Bewegung des Erd-Chi auf solch einem Baugrundstück sehen; und Menschen, die in solchen Häusern leben sind wie kleine Schlauchboote, die mitten in stürmischen, turbulenten Wellen hin- und herschaukeln.
Oftmals sind Menschen, die in solchen Häusern leben sehr temperamentvoll und tödliche Unfälle, Selbstmorde oder Tötungsdelikte können folgen. Wenn kommerzieller Besitz auf diesem Baugrundstück gebaut wird, dann gibt es oft Schwierigkeiten Geld zu verdienen.
Manche Leute schlagen vor, eine große Mauer am Ende einer herbeieilenden Straße zu errichten, um die destruktive Energie abzuwehren. Sie treten dafür ein, dass dies geschehen soll, bevor irgendwelche Häuser auf der andern Seite der Mauer gebaut werden. Dieses Bauen eines dammähnlichen Bauwerkes ist eine Lösung, aber würde so eine große Mauer am Ende einer Straße nicht die ästhetische Erscheinung der Straße stören?
Andere haben vorgeschlagen, die Gebäude auf solchen Baugrundstücken in einer kreisförmigen Bauweise zu entwerfen, ähnlich wie die Anordnung von einigen großen Hotels. Dies ist auch eine durchführbare Lösung, da die zylinderförmigen Gebäude tatsächlich die Bewegung von heraneilendem Chi, das durch eine sich nähernde

Straße verursacht wird, verringern kann. Dies geschieht durch Teilen und Umleiten des schädlichen Chis in zwei Ströme, die links und rechts vorbeifließen.

Der taoistische Meister Ch´ing Chen hat mir gesagt: „Die Methode für einen gewöhnlichen Haushalt den Ansturm der Energie von einer Straße entgegenzuwirken, ist das Anbringen eines halbkreisförmigen Beckens im vorderen Garten, dessen nach außen gehende Kurve in Richtung auf die herbeiführende Straße weist. Das Becken sollte außerdem immer zu 80 Prozent mit Wasser gefüllt sein." Diese Methode verwendet die Krümmung eines Halbkreises, um das herbeistürmende Sha-Chi abzuwehren. Das Wasser neutralisiert dieses Sha-Chi und die Bewohner des Hauses können somit ihren Frieden behalten.

Einige Geomantiker haben die Leute gelehrt Gegenstände wie konkave Spiegel, Bronzeglocken oder Flöten als Bekämpfungsmittel aufzuhängen, aber diese Gegenstände besitzen nicht in dem Maße die auflösende Macht und können nur ein begrenztes Maß der psychischen Erleichterung zur Verfügung stellen.

Wenn man ein großes Bauwerk am Ende einer herbeistürmenden Straße baut, dann kann dieses Bauwerk ein Tempel sein, da die runden Säulen eines Tempels das Sha-Chi von der Straße umlenken und verringern können. Ein Gerichtsgebäude oder ein anderes Regierungsgebäude, das zylindrische Bauweisen einbezieht (wie die runden Säulen vor dem weißen Haus) sind auch eine Lösung. Wenn man vor dem Gerichtsgebäude, der Stadthalle oder dem Tempel einen Springbrunnen hinzufügt, dann ist dieses Baugrundstück sogar noch sicherer. Springbrunnen sind in einzigartiger Weise nützlich in solchen Gegebenheiten.

Ein Mann fragte mich, was man tun soll, wenn das Haus am Ende einer herbeiführenden Straße liegt, aber nicht genug Land vorhanden ist, um ein halbkreisförmiges Becken einzurichten. Als ich ihn fragte, ob er umziehen könnte, sagte er, dass es für ihn finanziell nicht durchführbar wäre umzuziehen.

Wenn ich jemanden bei Feng Shui-Messungen helfe, biete ich als erste Lösung oftmals „Gegenmaßnahmen"-Methoden an. Wenn das Problem so nicht gelöst werden kann, dann empfehle ich einen

Umzug. Wenn ein Umzug nicht durchführbar ist, dann lehre ich sie „geistige Abhilfemaßnahmen“ anzuwenden.
Der taoistische Meister Ch´ing Chen hat angewiesen: „Finde ein Stück eines grünen Bambus und nach dem Entfernen der grünen Schale, male darauf einen Talisman, der das Sha-Chi der herbeistürmenden Straße stoppt. Wähle ein Datum aus, das als „Ting“ auf dem Mondkalender gekennzeichnet ist, und begrabe den Talisman auf dem Grund vor dem Haus.“ So eine Abhilfemaßnahme bietet eine „geistige Lösung“ für ein Feng Shui-Problem.
Meiner Meinung nach, beschäftigt sich Feng Shui besonders mit Mustern und Fließen von Chi und Energie in den Boden. Sowohl das Grundstück zum Wohnen als auch das Grundstück für das Begräbnis werden von Erd-Chi bestimmt. Da die Elemente des Feng Shui Teile der Natur sind, sollte man erhebliche menschliche Einmischung bei der Veränderung des Feng Shui eines Grundstückes vermeiden.
Was die „geistigen Abhilfemaßnahmen“ angeht, so sind sie taoistische Lösungen, die unter den Begriffen von „schamanistischen“ oder „magischen Praktiken“ fallen und getrennt zu sehen sind von dem allgemeinen Feng Shui- Wissen. Ich, der Lebende Buddha Lian-Sheng, verstehe mich auf allgemeines Feng Shui ebenso wie auf die taoistischen magischen Praktiken. Dies ist so, weil das Feng Shui, das Muster und Fließen von Energie im Boden, von Natur aus die Manifestation des Yin und Yang und der Fünf Elemente ist; esoterische und magische Praktiken können deshalb die Elemente ausgleichen und Yin und Yang in Einklang bringen.
Die meisten Geomantiker sind sich der widrigen Muster von herbeiführenden Straßen bewusst, aber die Meinungen, wie man Abhilfe in der Situation treffen soll, führen auseinander. Die Abhilfemaßnahmen, die hier aufgezeigt wurden, sind unbezahlbar.

12. Widrige Gegebenheiten „außen" und „innen" vor der Tür

Wenn man eine Feng Shui-Messung für ein Haus durchführt, muss man zuerst die Orientierung feststellen. Als Nächstes muss man beobachten, ob „außen" und „innen" widrige Gegebenheiten vorliegen.
Folgende Gegebenheiten außen müssen vermieden werden, wenn sie der Tür direkt gegenüberstehen:

- Elektrische Masten oder große Pfeiler
- Eine lange und gerade heranstürmende Hauptstraße
- Tiefe Gruben oder zerbrochene Felsen sehr nahe am Haus
- Die Kurve einer Straße, eines Flusses oder eines Gebäudes, die auf das Haus weist
- Schornsteine, Ecken, „Messerschneiden" oder andere scharfe und spitze Gegenstände, die aus dem Haus auf der anderen Straßenseite herausragen
- Die Eingangstür eines anderen Hauses, wenn sie größer ist als die eigene Eingangstür
- Dunggruben, Gemüsebeete, Müllverbrennungen oder andere schmutzige Objekte

All dies sind unvorteilhafte Gegebenheiten außen, die vermieden werden sollten. Während einige der oben genannten Faktoren einen direkten Effekt auf das „Erd-Chi" haben, sind andere in erster Linie psychischer Art. Wenn die widrigen Einflüsse aufgrund des Erd-Chis bestehen, dann müssen wir Abhilfemaßnahmen treffen, die das Erd-Chi verändern können.
Wenn die widrigen Einflüsse psychischer Art sind, dann müssen wir auf „psychische Abhilfemaßnahmen" zurückgreifen. Manche Menschen schreiben zum Beispiel als symbolische psychische Entlastung Wörter wie „Bring mir Geld ein" auf einen elektrischen Mast. Sie gehen hinaus und lesen den Satz „bring mir Geld ein."

Mit der der Zeit wird die psychische Blockade, die durch den elektrischen Mast verursacht wurde, gelöst.
Manche Menschen fühlen sich psychisch besser, wenn sie bestimmte Gegenstände draußen vor ihre Haustüren hängen. Dies schließt „Pa-k´uas (acht Trigramme), „Spiegel, Talismane, Flöten und Glokken“ mit ein. „Pa-k´uas“ werden verwendet um schädliches Sha-Chi zu neutralisieren, Spiegel sind Reflektoren und Verstärker, Talismane zerstören böse Geister, Flöten (was auf Chinesisch genauso klingt wie das Wort „Schnitzen“) schnitzen das Unheilvolle und Bedrohliche herunter und Glocken wenden böse Einflüsse ab.
Die Denkweise des Selbstschutzes ist verständlich, wir müssen deshalb die Menschen nicht schelten, die nach psychischem Trost streben, indem sie solche Gegenstände aufhängen. Diese Maßnahmen der psychischen Entlastung funktionieren tatsächlich bis zu einem gewissen Grad und wenn sie in Verbindung mit Ritualen und dem „Vorsatz den göttlichen Schutz zu erflehen“ durchgeführt werden, bilden sie eine Art von magischer Praktik.
Trotzdem gibt es Situationen, in denen psychische Entlastungsmethoden nicht funktionieren werden. Einige Beispiele dafür sind, wenn ein Haus einer großen, tiefen Grube, einer herbeistürmenden Straße oder einer Dunggrube gegenübersteht oder wenn es direkt außerhalb des Bogens einer Kurve liegt. In solchen Fällen würde das Heim bereits durch natürliche oder von Menschenhand geschaffene Katastrophen angeschlagen sein, bevor die psychischen Entlastungsmethoden die negativen Einflüsse des Erd-Chis abwenden könnten.
Die folgenden Gegebenheiten innen müssen vermieden werden, wenn sie direkt drinnen hinter der Haustür zu finden sind:

- Der Treppe gegenüberzustehen, wenn man eintritt
- Einer „Messerschneide“ (welches die Ecke einer Wand ist, die in einer Linie mit der Mitte der Haustür steht) gegenüberzustehen
- Einem Balken, der auf einen gerichtet ist, gegenüberzustehen
- Jedem der folgenden sichtbaren Dinge beim Eintritt durch die Haustür gegenüberzustehen: ein Bett im Schlafzimmer; ein Feuer in der Küche; die Toilette im Badezimmer; eine Feuerstelle

- Der Hintertür gegenüberzustehen. Wenn in einem Haus die Vordertür auf diese Weise mit der Hintertür verbunden ist, ist dies unter der Bezeichnung „seine Brust durchbohrt haben" bekannt
- So eine schmale Konstruktion, dass der vordere Teil und der hintere Teil des Hauses zu eng beieinander liegen. Solche Bauweisen kennt man unter dem Begriff „eine zusammengepresste Brust haben"

Es gibt Gründe, warum diese Bauweisen nicht wünschenswert sind. Im Fall mit der Vordertür, die direkt zur Hintertür führt, entweicht zum Beispiel das Chi sofort, wenn es zur Tür hineingeht. Hier kann kein Chi gelagert werden. Wenn ein Haus nicht in der Lage ist Chi zu lagern, werden die Leute, die dort leben, finanzielle Schwierigkeiten haben.

Wenn Chi zur Tür hineinkommt und von einer Treppe oder einer Wand, die zu nahe liegt, gestoppt wird oder wenn der Raum zwischen der vorderen Seite und der hinteren Seite des Hauses zu eng ist, wird das Chi chaotisch werden. Familien, die in solchen Häusern leben werden nicht reich werden und Disharmonie erleben.

Wenn Chi beim Eintritt ins Haus sofort mit einer „Messerschneide" oder einem Balken, der direkt darauf zeigt, einem Bett, Feuer oder einer Toilette konfrontiert wird, dann werden die Leute, die in dem Haus leben, sehr verstört, jähzornig, unfallanfällig und mit Erkrankungen und merkwürdigen Krankheiten auferlegt werden. Ihre Kinder werden ebenfalls unter diesen Krankheiten leiden.

Ich, der Lebende Buddha Lian-Sheng, empfinde, dass die Haustür sowohl ein Haupteingang für das Chi ist, als auch das Portal, durch das Menschen kommen und gehen. Als solches hat sie eine äußerst bedeutsame Rolle, indem sie das Schicksal des gesamten Hauses berührt. Man sollte besondere Aufmerksamkeit auf die Gegebenheiten sowohl innen als auch außen vor der Haustür richten und sollte zerstörerische Eigenschaften vermeiden. Sonst wird die Existenz von widrigen Gegebenheiten sicherstellen, dass man es zu nichts bringt, selbst bei einem Haus, das so gebaut wurde, dass es Glück verheißend ausgerichtet ist.

Idealerweise schließen Behandlungen für ein Haus mit widrigen Gegebenheiten innen und außen vor der Haustür Änderungen ein, die die angreifenden Merkmale beseitigen. Wahre Geomantiker sind in der Lage einfache verändernde Maßnahmen anzuwenden, um den Zustand zu berichtigen. Diese erzielen bessere Resultate als das Flüchten in das Aufhängen von Gegenständen, die hauptsächlich für psychische Entlastung sorgen.
Die Behandlung eines Hauses mit widrigen Gegebenheiten innen und außen vor der Haustür besteht darin, die Position der Haustür in eine Orientierung zu ändern, die keine zerstörerische Gegebenheiten hat, aber die immer noch kompatibel ist mit der magnetischen Geburtsorientierung vom Haushaltsvorstand.
Um die widrigen Gegebenheiten innen vor der Haustür zu behandeln, kann man die angreifenden Merkmale umformen und umstellen.
Wenn man die Größe der Haustür betrachtet, dann sollte sie vollkommen durch die Größe des Hauses selber festgelegt sein. Beides, ein großes Haus mit einer kleinen Tür oder ein kleines Haus mit einer großen Tür sind unpassend. Feuer, Toiletten und schmutzige Objekte sowohl innen als auch außen müssen absolut gemieden werden, da sie die Gesundheit und Harmonie der Familie, die in dem Haus wohnt, nachhaltig beeinflussen.

13. Die Geldvorratsstelle ist die Chi-Sammelstelle

Ich habe einmal das Feng Shui des Hauses eines reichen Mannes bewertet. Obwohl ein selbsternannter Meister in der Kunst des auf den Wohnsitz bezogenen Feng Shui viele Elemente für sein neues Haus entworfen hatte, fand ich viele dieser Entwürfe durchsetzt mit Fehlern. Ich konnte nicht umhin als im Geiste die Ungeeignetheit dieses Individuums zu bemerken, der seinen Ruf durch Anzeigen angefacht hatte.

Als der reiche Mann mich durch das neue Haus führte, Originalanfertigungen und seine Sammlung von Antiquitäten und Reichtum vorführend, entdecke ich, dass dieser luxuriösen Villa mit Garten eine „Geldvorratsstelle“ fehlte. Die Ecke, wo die „Geldvorratsstelle“ hätte sein sollen, war in einen Korridor umgewandelt worden.
Der reiche Mann sagte zu mir: „Der Mann, den ich eingestellt hatte, um diese Villa zu entwerfen, ist ein Geomantiker von Weltklasse. Sein Name steht oft in den Zeitungen, er spricht im Fernsehen über Feng Shui und hat zahlreiche Schüler.“
„Warum haben Sie mich dann hierher eingeladen?“, fragte ich lächelnd.
Er antwortete: „Weil Sie, Lebender Buddha Lian-Sheng, die Fähigkeit der Dharma-Augen haben und nur durch ein einfaches Herumschauen sagen können, ob diese Anfertigungen überhaupt gut sind. Und natürlich ist es auch eine große Ehre den Lebenden Buddha einfach nur etwas Licht auf dieses Haus scheinen zu lassen.“
„Nun“, sagte ich, „wollen Sie die Wahrheit hören oder nicht?“
„Stimmt irgendetwas nicht?“ fragte er erstaunt.
„In der Nähe dieses Korridors...“ fing ich an, als ich im die Stellen aufzeigte, die korrigiert werden mussten.
Der reiche Mann war fassungslos. Er hatte nicht erwartet, dass sein Haus, das speziell von einem bekannten Feng Shui-Meister entworfen worden war, mit so vielen Fehlern behaftet war. Er sagte nicht ein Wort. Als ich auf seine niedergeschlagene Miene sah, merkte ich, dass ich ins Leere gesprochen hatte.
Der reiche Mann entschied sich meinen Vorschlägen nicht zu folgen, um die notwendigen Änderungen vorzunehmen. Immerhin war der ursprüngliche Designer ein Feng Shui-Meister, der oft im Fernsehen erschien...
Ungefähr ein Jahr später....
Der gleiche reiche Mann war eines Tages in seiner Küche, als er sich plötzlich entschied einige Früchte für seine Gäste zu schneiden. Er verwendete ein sehr scharfes Messer, das Messer rutsche aus und trennte eines seiner Finger ab.
Einige Zeit später kandidierte er für die Gesetzgebende Versammlung, aber er wurde nicht gewählt. Bei einem anderen Vorfall über-

fuhr und tötete er mit seinem Wagen aus Versehen zwei Grundschüler, die aus der örtlichen Schule herauskamen.
Fünf von sechs Fabriken, die er besaß, mussten schließen.
Schließlich rief mich der reiche Mann an: „Lebender Buddha, Sie hatten recht. Es ist hat nur ein Jahr gedauert und ich bin am Ende. Der so genannte Meister war ein Schwindler und er betrügt weiterhin noch andere Leute!"
Heute schreibe ich dieses Buch Hauswesen-Feng Shui, weil ich mir wünsche, dass die Leute über etwas Wissen vom Wirken des Erd-Chis verfügen. Ich hoffe, sie werden nicht von den vielen betrügerischen Feng Shui-Meistern hereingelegt und verletzt.
Nach der Untersuchung der Gegebenheiten außen vor der Haustür muss man als nächstes feststellen, wo die „Geldvorratsstelle" ist.
Die Geldvorratsstelle liegt in der Ecke diagonal gegenüber vom Eingang des Wohnzimmers. Wenn sich die Wohnzimmertür auf der linken Seite befindet, dann ist die Geldvorratsstelle in der „Kassenecke" rechts. Wenn sich die Tür auf der rechten Seite befindet, dann ist die Geldvorratsstelle in der „Kassenecke" links. Wenn sich jedoch der Eingang ins Wohnzimmer in der Mitte befindet, dann sind sowohl die linke als auch die rechte Ecke der Wand gegenüber Geldvorratsstellen.
Die Geldvorratsstelle ist die Stelle, an der sich am einfachsten Chi sammeln und lagern lässt. Das Chi hier ist nicht das „tote Chi", das man in Lagerräumen findet, sondern das „lebendige Chi", das kontinuierlich in die Stelle fließt und sich dort ansammelt. Es ist ein pulsierendes, zirkulierendes Chi. Mit anderen Worten, an der Geldvorratsstelle fließt Chi hinein, sammelt sich an und fließt allmählich wieder hinaus.
An einer Geldvorratsstelle sollten sich kein Fenster, keine Tür und kein Korridor befinden und es ist am besten, wenn man nicht an diesem Ort herumläuft. Es ist eine Ecke, die von zwei Wänden gebildet wird.
Es ist am besten, wenn man an der Geldvorratsstelle eine immergrüne Hauspflanze wie eine Rohdea Japonica, Kapok, Palmen, Gummibäume usw. platziert. Diese Pflanzen symbolisieren Vitalität, Lebendigkeit und Wachstum und dieses fördert Glück.

Es ist auch eine wunderbare Idee ein Fischglas mit einem Goldfisch auf die Geldvorratsstelle zu platzieren. Goldfische symbolisieren Gold und Reichtum und das Wort Fisch im Chinesischen reimt sich auf das Wort für „Überfluss“ oder „Vorrat“. Ein Glas mit einem lebenden Fisch auf der Geldvorratsstelle steigert auch die Lebhaftigkeit und Gedankenstärke des Eigentümers. Außerdem hindert ein Glas mit einem Fisch auf der Geldvorratsstelle die Besucher daran auf diesen Ort zu treten.

Wenn sich an der Geldvorratsstelle eine Verandatür befindet, wird das Chi entweichen. Das Gleiche gilt, wenn es sich dort eine Tür oder ein Durchgang befindet, dann wird sich Chi auch dort nicht ansammeln. In solchen Situationen wird der Wohlstand geschwächt und das Geld geht verloren.

Wenn die Geldvorratsstelle angemessen behandelt und dekoriert wird, wird das Glück stetig ansteigen und äußerst vorteilhafte Gewinne produzieren. Indem man die Geldvorratsstelle aufstellt und ihr angemessene Aufmerksamkeit und Dekoration zuteil werden lässt, bringt man die positiven Eigenschaften eines Hauses hervor.

Das Wohnzimmer ist das Herz eines Hauses und sollte nicht zu dunkel und nicht zu hell sein. Die Stelle, die das Chi sammelt ist die Geldvorratsstelle und als Zentrum aller Angelegenheiten, übt sie eine wichtige Kontrolle und einen wichtigen Einfluss auf den allgemeinen Zustand des Hauses aus.

14. Ein Haus, das gute Gesundheit beschert

Die Beziehung zwischen Gesundheit und Feng Shui ist ein sehr weit reichendes Thema. Es wird nicht möglich sein, dieses Thema vollständig in diesem Buch abzudecken, also werde ich in diesem Kapitel einige der wichtigsten Geheimnisse in ihren Einzelheiten besprechen.

Unten aufgelistet sind einige Wechselbeziehungen zwischen bestimmten Krankheiten und den Gegebenheiten des Hauses:

- Vorkommen von Tumoren – untersuche das Haus auf sämtliche asymmetrischen, hervorstehenden Gegenstände
- Operationsfälle – suche nach fehlenden Ecken und der Einrichtung von Dachluken und untersuche die umgebildeten und neu gebauten Teile eines Hauses
- Stoffwechselerkrankungen – beachte die Lage der Müllverbrennungsanlage und der Reinigungsanlagen
- Urologische Erkrankungen – beachte den Abfluss des Wassers vom Haus, um zu sehen, ob es irgendwelche Verstopfungen gibt
- Geistige Erkrankungen – beachte die Platzierung der Betten und Schreine
- Erkrankungen der Augen und Ohren – beachte die Lage der Fenster und sieh nach, ob es Probleme mit ihrer Platzierung gibt
- Knochenerkrankungen – achte auf horizontale Balken und die Struktur der Säulen

Auch wenn es nicht offensichtlich erscheint, kann ein Haus definitiv Einfluss auf die Gesundheit haben. Gewöhnliche Feng Shui-Praktizierende sind vielleicht nicht in der Lage diese komplizierten Zusammenhänge aufzuzeigen, aber ein wahrer Feng Shui-Meister weiß, dass die Bewohner eines Hauses hochgradig vom Haus beeinflusst werden, in dem sie leben.
Zuallererst wird sich die Bahn des Chi-Kreislaufes in einem Haus auf seine Bewohner auswirken.
Als nächstes wird ein magnetisches Feld erschaffen, wenn das Haus gebaut wird. Der menschliche Körper ist selbst ein magnetisches Feld. Ob diese beiden magnetischen Felder kompatibel sind und harmonieren oder ob sie sich abstoßen, ist ein anderer Schlüsselfaktor.
Schließlich sind die Bewohner den Einflüssen des Erd-Chis oder der Energie vom Land, auf dem das Haus steht, unterworfen.
Ich habe eine zeitlang die Lage der Badezimmer studiert. Die Funktion eines Badezimmers ist eigentlich vergleichbar mit einer Kläran-

lage. Wenn das Badezimmer nicht korrekt platziert ist, wird es für die Bewohner die Veranlagung für Krankheiten wie Schwindelanfälle, Augenerkrankungen, Zahninfektionen, Lungenentzündungen, Herzprobleme, Diabetes, Magen- Darmerkrankungen, Hepatitis und Nervenprobleme schaffen.

Wenn wir ein Kreuz über das Zentrum des Hauses zeichnen und die Arme des Kreuzes über das Haus ausstrecken, so dass es das Haus in vier Teile unterteilt, ist es wichtig, dass sich das Badezimmer nicht entlang dieser Linien befindet. Ein Badezimmer auf den Linien des Kreuzes wird sich definitiv auf die Gesundheit der Hausbewohner auswirken.

Verbrennungsöfen beziehen sich nicht auf den Herd in der Küche, sondern auf Feuerstellen, eher alltägliche Einrichtungen in amerikanischen Haushalten. Feuerstellen stehen in Zusammenhang mit Jähzorn. Es ist entscheidend die Feuerstelle nicht direkt gegenüber der Haustür anzubringen, weil der Anblick von Feuer beim Eintritt in das Haus sofort das Gemüt erhitzt. Dieser Faktor spielt eine wichtige Rolle bei der Verursachung jener Art von Disharmonie, die zum Auseinderbrechen vieler Familien führt. (Es gibt einen Zusammenhang zwischen der hohen Scheidungsrate von amerikanischen Paaren und den Feuerstellen in ihren Haushalten.)

Weil Feuerstellen zu den Fünf Elementen gehören, sollten sie sich nicht am nördlichen Ende einer Linie befinden, die ein Haus halbiert. Sie sollten es deshalb nicht, weil die Elemente Feuer und Wasser nicht miteinander vereinbar sind. Eine Feuerstelle sollte sich auch nicht am südlichen Ende einer mittleren Linie, die das Haus teilt, befinden, weil die Elemente Feuer und Feuer zu wild wären.

Die beste Stelle für Feuerstellen ist die östliche Richtung.

Verbrennungsanlagen, die Jähzorn schüren können, sollten auch nicht entlang der Linien eines Kreuzes platziert werden. Feuer kann sich maßgeblich auf die Gesundheit auswirken, darum ist es am besten solche Einrichtungen im Osten, Südosten oder Nordwesten zu positionieren.

Das Feuerelement hat die größte Rolle für den Köper. Feuer ist Temperatur und alle Arten von Entzündungen und Infektionen hängen mit dem Feuer zusammen. Wir sollten Badezimmer und

Verbrennungsanlagen auf Positionen einrichten, die uns keine Katastrophe einbringen.

Es ist auch wichtig den Wasserabfluss im Haus zu beachten. Wenn das Wasser problemlos ohne irgendein Hindernis abläuft, werden sich keine verfallenden Substanzen ansammeln. Ein schlechter Abfluss wird eine schlechte Luftqualität im Haus zur Folge haben. Wenn die Luft schlecht ist und nach Moder riecht, werden Menschen, die in dem Haus leben mit Gewissheit krank.

Die Positionen der Betten und Schreine werde ich in einem nachfolgenden Kapitel behandeln.

Einen anderen Punkt, den man berücksichtigen muss, ist die Platzierung von Pflanzen im Haus und außerhalb des Hauses. Meiner Meinung nach sind Pflanzen sowohl im Haus als auch außerhalb des Hauses nicht nur aus ästhetischen Gründen wertvoll, sondern auch wegen ihrer Fähigkeit die Lebenskraft in einem Haus zu steigern, wie bei dem Beispiel mit einer pulsierenden Pflanze auf der Geldvorratsstelle. Eine Hauspflanze neben der Tür oder in einem unreinen Ort zu platzieren, bedeutet auch „Reinigung" und die Beseitigung von unglücklichen und gewalttätigen Angelegenheiten.

Es ist notwendig, Bäume und Büsche außerhalb des Hauses zu pflanzen, wenn es der Wohnstätte vollständig an umgebender Vegetation mangelt. Andererseits sind zu hohe oder zu dichte Bäume nicht wünschenswert, weil sie eine bedrückende Atmosphäre schaffen. Wenn hohe und dichte Bäume das Sonnenlicht ausschließen, wird die Yin-Energie in einem Haus zunehmen und das Haus wird dann einladend für böse Geister und Gespenster. In einem Haus zu leben, das so ein bedrückendes Gefühl erzeugt, beeinflusst die Gesundheit nachteilig.

Fenster sollten basierend auf den Grundsätzen der Lieferung von ausreichender Belüftung und optimalem Sonnenlicht für das Haus angebracht werden. Viele Fenster sind einfach ebenso schlecht wie zu wenig. Wenn ein Haus zu hell ist, wird Chi abgeleitet. Wenn ein Haus zu dunkel ist, sammelt sich verfallendes Chi an und lädt böse Geister ein.

Das Szenarium, das das meiste Glück für ein Haus verheißt, lässt eine optimale Menge an Licht und gute Belüftung zu. In so einem

Haus fließt die Luft langsam ohne Hindernisse durch, selbst durch Orte, an denen sich Chi sammelt. So einen Zustand zu erreichen ist eine große Kunst.

15. Feuerprobleme in der Küchen

Ein frisch verheiratetes Ehepaar lud mich einst für eine Feng Shui-Beratung in ihr Haus ein. Sie lebten in einem wunderschönen Haus, das von Bäumen mit roten Blüten und Beeren umrundet war. Während ich die Küche inspizierte, stellte ich fest, dass die Stellung des Herds ein Problem darstellte. Ihr „Designer"-Haus hatte den Herd direkt in der Mitte der Küche. Es stand in der Mitte des Raumes, unabgeschirmt durch irgendeinen anderen Gegenstand. Außerdem befanden sich der Wasserhahn und das Spülbecken direkt gegenüber vom Herd.
So eine Platzierung ist aus zweierlei Gründen problematisch:

1.) Es ist wichtig, das das Küchenfeuer an einer Stelle steht, an dem sich Chi ansammelt. Nur ein Feuer, das Chi ansammelt kann kontinuierlich brennen und seine Temperatur halten. Gemäß dem Buch Die Geheimnisse der Erdmagie, sollte ein Herd an drei Seiten geschützt sein und Chi haben, das von der vierten Seite einfließt. Der beste Ort für einen Herd sind die Positionen im Süden, Osten oder Südosten.
Auch wenn ein unabgeschirmter Herd in der Mitte der Küche ein bequemer Arbeitsplatz ist, bietet es nicht den Vorteil leicht Chi zu lagern. Schnelle Ableitung der Temperatur des Herdes kann zu schneller Ableitung von Geld führen.

2.) Es ist katastrophal den Wasserhahn der Küche direkt gegenüber dem Herdfeuer zu haben, da es einen Zusammenprall von Feuer und Wasser symbolisiert. Von meinen Beobachtungen weist so eine Bauweise auf großen Ärger hin und kann zu sexueller Freizügigkeit und exzessivem Trinken führen.

Bei meiner Ankunft bemerkte ich, dass die Hausherrin eine sehr schöne, anmutige Dame mit sich zuspitzenden Fingern und weichen Handflächen war. Ihre Schultern waren rund und der Rücken nicht zu dünn. Was ihre Physiognomie angeht, so waren die oberen, mittleren und unteren Teile ihres Gesichtes wohlproportioniert. Sie hatte die Merkmale einer ausgezeichneten Frau. Aber ich bemerkte auch Koketterie in ihren klaren, mandelförmigen Augen und bezaubernde Verführungskraft, in der Art wie sie sich bewegte und wog – Eigenschaften von jemanden mit „geheimen Pfirsichblüten-Glück" (Dieser Begriff „Pfirsichblüten-Glück" bezieht sich im Chinesischem auf das Glück, das man beim Anlocken von Liebhabern hat)

Ich fragte meinen Freund: „Glauben die frisch Verheirateten an Feng Shui?"

Der gemeinsame Freund, der mich eingeladen hatte, sagte: „Nur ein wenig. Sie arbeiten auf wissenschaftlichen Gebieten."

„Was war dann der Anlass für mich heute zu kommen...?", fragte ich.

„Nur um sie kennen zu lernen und sich hier umzuschauen", antwortete mein Freund.

Da ich nur da war, um mit ihnen Bekanntschaft zu schließen und die prachtvolle Einrichtung zu genießen, musste ich so taktvoll sein und nur die guten Dinge kommentieren und es vermeiden, irgendetwas Negatives zu erwähnen. Ich wollte, dass das Treffen harmonisch und fröhlich verlief und wollte nicht, dass meine Freunde irgendetwas Unangenehmes in der Luft verspürten.

Erst als wir das Haus verlassen hatte, teilte ich meinem Freund mit, er solle den Eigentümern eine Nachricht übermitteln: sie müssten das Feuerproblem in der Küche berichtigen.

Die Eigentümer ignorierten meinen Rat.

Ein Jahr später hörte ich, dass die Dame des Hauses mit dem Abteilungsleiter an ihrem Arbeitsplatz eine außereheliche Affäre eingegangen war, während ihr Mann eine Geliebte hatte und zum Alkoholiker wurde. Schließlich endete die Ehe und jeder ging getrennte Wege.

Ich möchte gerne, dass jeder folgende Tatsache beherzigt: Wenn das „Küchenfeuer" in der Mitte der Küche steht, dann wird der Wasserhahn, gleichgültig in welcher Richtung er steht – Nord, Süd,

Ost oder West – sich immer direkt gegenüber dem Herd befinden. Mit dem Wasserhahn, der ein Symbol für „Yang“ und dem Herd, der ein Symbol für „Yin“ ist, ist das eine Vorankündigung für Zügellosigkeit und Promiskuität.

Ich habe bemerkt, dass die Küchendesigner vieler neuer Häuser in den Vereinigten Staaten den Herd genau in der Mitte der Küche aufbauen. Die Designer solcher Küchenentwürfe haben gewiss keine Kenntnisse von der Wissenschaft des Feng Shui. Auch wenn es ihr Ziel sein mag, einen bequemen, ästhetischen Raum zu schaffen, so tragen sie jedoch zum Aufblühen der Zügellosigkeit bei!

Ich möchte, dass die Leser wissen, dass Feuer nicht das Erste sein darf, was man beim Betreten eines Hauses sieht. Das bedeutet, dass die Küche oder die Feuerstelle nicht das Erste sein sollte, was man beim Eintritt ins Haus sieht. Vermeide es, dass diese zwei Typen von „Feuer-Chi“ der Haustür gegenüberliegen.

Im geschäftlichen Milieu, wie in Restaurants, sollten unter keinen Umständen Herde (Gasherde, Wassererhitzer, elektrische Herde, elektrische Kocher usw.) in der Mitte des Kreuzes vom Restaurant installiert werden. Solch ein zentral stehendes „Feuer-Chi“ kann innen im gesamten Restaurant die Luft verschmutzen und eine heiße und feurige Atmosphäre erzeugen. In so einem Umfeld werden Geschäftspartner nicht miteinander auskommen und Restaurantgäste werden sich unwohl fühlen. Mit der Zeit werden sie ihren Fuß nicht mehr über die Schwelle des Restaurants setzen wollen. Und was noch wichtiger ist, das „Feuer-Chi“ in der Mitte erschwert es dem Erd-Chi ausgeglichen zu bleiben.

In der Küche muss man auf folgende Dinge achten: Sorge dafür, das sich kein Müll ansammelt und das Müll gut verwahrt, versiegelt und oft entfernt wird. Achte auf den Wasserfluss im Spülbecken. Wähle auch eine Belüftungsanlage für den Herd aus, deren Betriebsteile nicht zu sehen sind und installiere eine Abzugshaube, die nicht zu sichtbar herausragt, da dies auch das Feng Shui der Küche beeinflusst. Schließlich darf man keine Dachluke in der Küche anbringen, da dies das nach oben Sprießen von „Feuerchi“ leitet. Eine Dachlukenöffnung in der Küche zieht unerwartete Unfälle und Unglückfälle auf sich.

16. Schreibtische in Büros und Arbeitszimmern

Ein Arzt bat einst einen berühmten Geomantiker um Hilfe bei der Positionierung des Schreibtisches in seinem Büro. Bei seiner Ankunft waren die ersten Worte aus dem Mund des Geomantikers die Gebühren für seine Dienstleistungen. „Der Gesamtbetrag wird 3.000 US-Dollar betragen!", sagte der Feng Shui-Meister.
„3.000 US-Dollar für einen Schreibtisch?", fragte der Arzt verblüfft.
„Ja", antwortete der Geomantiker. „Tausend zur Bestimmung der Orientierung, tausend für die Auswahl eines Glück verheißenden Tages und noch einmal tausend dafür, dass ich persönlich den Tisch für Sie verschieben werden. Alles zusammen werden es 3.000 US-Dollar sein."
Der Arzt öffnete den Mund, um etwas zu sagen, aber es fiel ihm nichts ein. Schließlich sagte er: „Ich glaube, ich werde stattdessen einfach jemanden anders konsultieren."
„An wen denken Sie dabei?"
„Da gibt es den Lebenden Buddha Lian-Sheng, Shen-Yen Lu, der niemals etwas für seine Beratungen verlangt und die Leute bezahlen lässt, was sie möchten."
Das Gesicht des Geomantikers wurde aschgrau und er ging verärgert.
Dies ist eine wahre Geschichte, in der das Aufstellen eines Tisches jemanden 3.000 US-Dollar gekostet hätte. Wenn die Leser sorgfältig dieses kurze Kapitel lesen, können sie erlernen, wie sie selber ihre Bürotische oder Tische für das Studium aufstellen und 3.000 Dollar sparen können!
Die Theorien und Grundsätze hinter dem Aufbauen von allen Tischen sind dieselben, gleichgültig ob am Arbeitsplatz oder im Arbeitszimmer zu Hause. Im Wesentlichen muss man an die folgenden sechs Grundsätze denken:

1.) Vermeide es direkt auf die Tür zu blicken – Stelle den Schreibtisch oder Stuhl nicht in Linie zum Eingang. Wenn von der Tür aus eine senkrechte Linie gezeichnet wird, sollten

Schreibtisch und Stuhl nicht im Weg dieser Linie stehen. Wenn sie es doch tun, wird heranstürmendes Chi, das angreifend durch die Tür hereinkommt, ein Gefühl der Ruhelosigkeit und Verstörtheit verursachen.

2.) Vermeide es mit dem Rücken zur Tür zu sitzen – Von unserer Sitzposition aus sollten wir in der Lage sein Leute hinein- und hinausgehen zu sehen. Wir fühlen uns unsicher, wenn wir die Leute nicht kommen und gehen sehen und das Sitzen mit dem Rücken zur Tür wird übel wollende Leute dazu ermutigen, hinter unseren Rücken zu handeln. Die Kariere wird auch an Schwungkraft verlieren und einen niedergeschlagen und lustlos werden lassen. Mit der Zeit wird es mit der Position einer solchen Person abwärts gehen und sie wird sich verschlechtern.

3.) Habe eine solide Wand hinter dir – Wenn man am Schreibtisch sitzt, vermeide es Fenster direkt hinter dem Stuhl zu haben. Ich sehe oft Leute, wie sie vor großen Verandatüren (in den USA französische Fenster genannt) sitzen, die eigentlich nicht stark und solide genug sind, um ausreichend Unterstützung zu bieten. In einem Stuhl vor einem großen Fenster zu sitzen, bedeutet unsicher auf einem wackligen Boden zu sitzen. Wenn das Erd-Chi zu dieser Stelle reist, entweicht es und als Ergebnis davon erhalten wir keine Unterstützung von der Erdenergie.

4.) Die rückwärtige Unterstützung sollte nahe sein – Zusätzlich zu der starken, soliden Wand hinter dem Stuhl sollte die Wand nahe zum Stuhl stehen um eine angemessene Unterstützung zu bieten. In der Vergangenheit sind mir Vorsitzende von großen Unternehmen begegnet, die um ihren Reichtum und den des Unternehmens vorzuführen, extra breite Tische gekauft und sie in die Mitte ihrer Arbeitsräume geknallt hatten. Auf ihrem Tisch standen 20 Telefonapparate, die dazu dienten die internationalen Geschäfte durchzuführen. Unglücklicherweise werden auch sie, mit ihren Tischen so weit weg von angemessener Rückendeckung, keine Hilfe von der Erdenergie erhalten.

5.) Benutze die Richtungen der Zwölf Erdzweige als einen Leitfaden für die Orientierung - Wenn der Tisch die Tür im Blick hat, nicht im Eingang der Tür steht und eine solide und nahe Wand hinter ihm liegt, ist es der nächste Schritt einen geomantischen Kompass zu verwenden, um die zwei Richtungen zu bestimmen, die eine sich gegenzeitig anziehende Beziehung zu der magnetischen Orientierung des Tischbesitzers besitzen. Wenn keine der beiden Orientierungen funktioniert, kann man eine Himmelsrichtung wählen, die neutral ist. Auf diese Weise kann man immer noch den Verlust von Erdenergie vermeiden. Idealerweise ist es natürlich am besten, wenn alle Requisiten stimmen und der Tisch in die optimale Himmelsrichtung blickt.
6.) Auswahl des Datums – Man kann den Mondkalender konsultieren, um entweder einen „Ting"-Tag oder einen „Man"-Tag für die Umstellung oder Aufstellung eines Tisches auszuwählen.

Warum ist die angemessene Aufstellung eines Bürotisches oder Schreibtisches für das Studium so wichtig? Der Grund dafür ist einfach. Wenn man an so einem Tisch arbeitet oder lernt, empfindet man, dass man mehr Energie besitzt und man ist motiviert für die Arbeit und das Studium. Das Gedächtnis wird besser und man ist entspannter, glücklicher und effizienter. Mit einem Schreibtisch auf einem guten Platz ist man in der Lage die Erdenergie anzuzapfen und dies hilft in allen Dingen harmonisch voranzuschreiten. Die Arbeit wird sprunghaft Fortschritte machen.

Wenn der Büroschreibtisch und der Studienschreibtisch nicht gut platziert sind und die magnetische Orientierung des Tisches und die eigene magnetische Orientierung sich abstoßen, wird man nicht genügend Energie besitzen, um seine Arbeit auszuführen, auch wenn man erst einmal enthusiastisch ist. Stattdessen werden Fehler gemacht. Müdigkeit wird einen überwältigen. Der Zustand wird sich verschlechtern und es wird schwierig sein sich zu erholen.

Wenn ich Feng Shui-Messungen für Häuser und Haushalte durchführe, achte ich besonders auf den Schreibtisch im Arbeitszimmer. Die Platzierung eines Schreibtisches ist für Kinder genauso wichtig.

Sie hat einen großen Einfluss darauf, ob ein Kind gerne lernt oder nicht, ob er oder sie gute Noten erhält oder nicht.
Ich habe einmal das Haus eines promovierten Physikers besucht. Ich fragte ihn: „Wie viele Jahre haben Sie nicht mehr an Ihrem Schreibtisch gesessen?“
„Woher wissen Sie das?“
„Der Schreibtisch steht direkt im Durchgang der Tür. Wie kann jemand dort lange sitzen? Außerdem haben sich Staub und Spinnenweben hinter dem Stuhl angesammelt, was mir sagt, dass der Stuhl lange verlassen ist.“
„Ist das Feng Shui?“
„Nein, das ist kein Feng Shui. Das ist eine sorgfältige Beobachtung.“, antwortete ich.

17. Treppen können destruktiv sein

Große luxuriöse Häuser im westlichen Stil besitzen oft eine Treppe in der Mitte des Wohnzimmers und eine Haustür, die sich direkt in diesen Raum hinein öffnet. Die Pfeiler der Treppe sind oft stark ausgeschmückt mit kunstvollen Schnitzereien. Vielleicht ist für viele die Treppe selbst zu einem Dekorationsstück geworden. Viele dieser Treppen sind spiralenförmig und wunderschön. Was für ein perfektes Erscheinungsbild ist es für eintreffende Besucher, vom Gastgeber oder der Gastgeberin begrüßt zu werden, während diese elegant die spiralenförmige Treppe herunter schreiten.
In Häusern, die im westlichen Stil erbaut sind, können noch mehr Beispiele gefunden werden, in denen die Treppe der Haustür direkt gegenübersteht.
Die wichtige Bedeutung der Treppenaufgänge wurde von einigen Geomantikern übersehen. Einige Geomantiker sind der Meinung, dass es einen „sukzessiven Aufstieg“ bedeutet, wenn man beim Hereinkommen eine Treppe sieht, die in einen zweiten Stock führt. Andersherum glauben sie, dass es unheilvoll ist, wenn man beim

Betreten eines Hauses eine Treppe sieht, die in den Keller führt, weil es einen „sukzessiven Abstieg" bedeutet.
Diese Auffassung ist tatsächlich fehlerhaft. Wenn Chi durch die Eingangstür eintritt und auf eine Treppe trifft, schneiden und unterbrechen die horizontalen Ecken von jeder Stufe seinen Fluss. Wenn Chi in das Haus eintritt, wird es ins Chaos geworfen und nicht in der Lage sein, ruhig und gleichmäßig zu bleiben.
In der Geomantik bedeutet der Anblick einer Treppe beim Eintritt durch die Eingangstür eine „unebene und holprige Straße." Es bedeutet eine „unerwartete Zerstörung" und ist eine sehr ernstzunehmende Angelegenheit. Beim Betreten eines Hauses eine Treppe zu sehen, ist meiner Meinung nach das Gleiche wie einen Pfeiler zu sehen, wenn man aus dem Haus herausgeht – beides hat dieselbe zerstörerische Kraft.
Die Treppen, die man in den Wohnzimmern von großen, luxuriösen Häusern findet, sind tatsächlich Symbole des „Niedergangs". In gewöhnlichen Häusern ist der Anblick von Treppen beim Hereinkommen tatsächlich ein Symbol für das „Auftreten von Unfällen".
Ich hab einmal das Feng Shui eines Hauses inspiziert, bei dem die Bewohner innerhalb eines Jahres an über zehn Autounfällen beteiligt waren. In einigen Fällen sind ihre Wägen in andere gerammt. In anderen Fällen wurden sie von anderen Wägen angefahren. In einem Fall entgleisten die Zahnräder ihres geparkten Wagens und der Wagen stieß auf einen anderen.
In einem Fall, als ein Monat vergangen war in dem kein Unfall passiert war, beschloss die Familie sich zu versammeln und gemeinsam auszugehen, um zu feiern. Während sie jedoch ihren Wagen rückwärts aus der Garage fuhren, stießen sie auf ihr eigenes Garagentor, verbeulten ihr Auto und beschädigten das Garagentor. Auch wenn niemand verletzt wurde, erlitten sie doch erneut einen Vorfall von unerwarteten finanziellen Verlusten.
Der Eigentümer des Hauses sagte mir, dass alle Fahrer in der Familie sehr umsichtige Fahrer mit über zehn Jahren Fahrpraxis waren. Aber aus irgendeinem merkwürdigen Grund, würde jeden Monat irgendjemand einen Unfall haben. „Wenn das so weiter geht", sagte er, „werden wir alle einen Nervenzusammenbruch erleiden! Unsere

Familie entwickelt eine „Auto-Phobie“ und es ist als ob ein Fluch auf uns läge.“

Bei der Überprüfung ihrer Situation realisierte ich, dass ihr Problem aus dem „Erblicken der Treppe beim Eintritt durch die Tür“ resultierte. Tür und Treppe standen sich direkt gegenüber. Hinzu kam, dass die Treppe direkt auf der nordöstlichen Position stand, die in der Geomantik als „Geistertür“ bekannt ist. Geomantiker haben böse Vorahnungen über die nordöstliche „Geistertür“- Position und vermeiden es dort Treppen oder Aufzüge zu bauen.

Nach meiner Begehung, bauten sie ihr Haus um und beseitigten das Phänomen vom „Erblicken der Treppe beim Eintritt durch die Tür.“ Seitdem konnte die Familie ein friedliches Leben ohne Unfälle genießen.

Während meiner Feng Shui-Begehungen in Taiwan habe ich eine Art von Stahltreppen gesehen, die wegen ihrer räumlichen Einschränkung spiralförmig waren und aussahen wie Stahlsäulen. Sie waren sehr unpraktisch, weil immer nur eine Person gleichzeitig hinauf oder hinuntergehen konnte. Solche Treppen, wenn sie an unpassenden Stellen angebracht sind, können besonders destruktiv sein.

Es gibt drei Möglichkeiten die Treppen zu verändern:

1.) Verändere die Position – Wenn eine Treppe direkt gegenüber der Haustür liegt, ändere die Position. Die Lösung ist: Vermeide es eine Treppe von der Haustür aus zu sehen und stelle sicher, dass die Stufen nicht das eintretende Chi zerschneiden.

2.) Verstecke die Treppe – Wenn man ein neues Haus baut, ist es am besten eine Treppe zu entwerfen, die „versteckt“ ist, weil Treppen nur zerstörerischen Einfluss besitzen und keine positiven Einflüsse. Beim Entwerfen eines neuen Hauses ist es eine gute Idee die Treppe direkt hinter der Wand zu verstecken. Eine noch bessere Idee ist es, die Treppe zwischen zwei angrenzenden Wänden und verborgen hinter einer Tür zu verlegen. Auf diese Weise werden die Stufen nicht gesehen und der Raum unter den Stufen kann als Lagerraum oder Waschraum benutzt werden.

3.) Bedecke die Treppe – In einem Haus, das bereits erbaut ist, ist es wahrscheinlich sehr schwierig die Treppe, die direkt der Haustür gegenüberliegt, zu bewegen. In solchen Fällen muss man auf die Methode der Abdeckung der Treppe zurückgreifen, indem man eine Sichtblende auf dem halben Wege zwischen der Treppe und der Eingangstür platziert. Man kann sogar einen Spiegel auf die Sichtblende hängen, um die Tiefe des Raumes im Eingangsbereich zu erweitern, so dass man sich durch die verkürzte Entfernung nicht erdrückt fühlt. Auf diese Weise sieht man die Treppe nicht beim Eintritt und muss nur um die Sichtblende herumlaufen, um nach oben zu gehen. Zusätzlich kann man den Spiegel nutzen um sein eigenes Erscheinungsbild zu überprüfen, bevor man hinausgeht.

Was das Aufhängen von Glockenspielen, Flöten, Bronzenägeln angeht, bringen diese Techniken nur eine begrenzte psychische Entlastung und haben wenig praktischen Nutzen. Wenn Chi zur Tür hineinkommt und auf eine Treppe stößt, wird es immer noch chaotisch werden.

Was ist mit den Treppen außen vor der Haustür?

Wenn man die Treppen hinaufgeht, um seine Eingangstür zu erreichen, dann sind solche Treppen in Ordnung. Wenn man die Treppen hinuntergehen muss, um seine Tür zu erreichen, dann muss man darauf achten, dass die Entfernung zwischen Treppenschacht und Tür nicht zu dicht oder zu eng ist.

Dies sind die Lösungen zur Positionierung von Treppen.

18. Spukantiquitäten

Ich bin einmal nach San Francisco gereist, um das Feng Shui eines Hauses einer reichen Familie zu untersuchen.

Der Eigentümer liebe es Antiquitäten zu sammeln. Von Steinlöwen außerhalb des Hauses bis hin zu seinem Wohnzimmer und den Schlafzimmern gab es überall Antiquitäten. Seine Sammlung schloss buddhistische Statuen, Porzellanvasen, Schalen und Behälter ein. Vogel- und Tierskulpturen aus Jadestein, antike Malereien, altertümliche Gegenstände wie Schreibtische und Stühle, horizontal beschriebene Tafeln, Kochutensilien und selbst Kleidungsstücke und Betten, die von den Leuten in früheren Zeiten benutzt worden waren, füllten sein Haus.

Was tatsächlich als Vorliebe für Antiquitäten begann, wurde zur Besessenheit. Er hatte sogar Ahnenkulttafel, die von anderen verehrt worden waren, gekauft und ausgestellt.

Dann begannen merkwürdige Dinge aufzutreten.

In diesem Jahr fühlte der Eigentümer oft ein fieberhaftes Gefühl auf der Stirn und einen eigentümlich fischigen Geschmack im Mund. Er wurde leicht müde und war oft reizbar und launisch.

Seine Frau sah oft schwarze Schatten. Manchmal liefen sie von einem Raum zum anderen und zu anderen Zeiten saßen sie neben ihr auf dem Sofa. Sie sah diese Schatten sogar in ihren Träumen und merkwürdige Geräusche alarmierten sie oft und rissen sie in der Nacht aus dem Schlaf. Sie hatte eine lange Zeit keine Nacht mehr gut geschlafen. Sie spürte, dass sie von schädlichen Geistern umgeben war und fing in Form von Depressionen, die über sie kamen, an Interesse am Leben zu verlieren.

Ihre Tochter, die zu Hause lebte, war Katholikin und war stets wohlerzogen. Seit kurzem jedoch veränderte sich ihr Benehmen drastisch. Sie wurde von häufigen Schwächeanfällen attackiert und fing an zu rauchen und zu trinken. Sie verspottete und verhöhnte ihre Eltern und kam oft nach Hause kochend vor Wut und Hass. Sie benahm sich ungewöhnlich wild und es schien, als ob sie eine völlig andere Person geworden war.

Familienmitglieder waren ständig erkrankt an Krankheiten wie rote, anschwellende allergische Hautirritationen oder Erbrechen und Durchfall im Wechsel mit Verstopfung. Ihre Mägen fühlten sich aufgebläht und unangenehm an, ihre Muskeln und Körper schmerzten und sie verloren ihren Appetit. Die Familienmitglieder hatten alle Ärzte aufgesucht, aber niemand war in der Lage eine Diagnose zu erstellen oder ihre Krankheiten zu heilen.

Die Familie hatte mehrere Feng Shui-Meister in San Francisco konsultiert. Man sagte ihr Haus hätte ein schlechtes Feng Shui. Dem Rat der Geomantiker folgend, vollzogen sie mehrere Änderungen an ihrem Haus, aber keine führte zu irgendeiner Verbesserung ihrer Lebensumstände.

Als ich in ihrem riesigen Heim ankam, fand ich natürlich auch ein paar Störungen im Feng Shui. Aber nach einer sorgfältigen Inspektion entdeckte ich, dass ihre Probleme nicht durch die widrigen Einflüsse von unvorteilhaftem Feng Shui verursacht wurden, sondern von den Antiquitäten im Haus. Unter der riesigen Sammlung waren drei Teile dabei, denen „spirituelle Energie“ anhaftete.

Der erste Gegenstand war ein Trog aus Yunan (China) mit einem langen Körper und einer kleinen Öffnung. Der Trog wurde einst dazu verwendet „giftige Würmer“ zu lagern, die man für schwarze Magie nutzte. Die spirituelle Energie von den Würmern blieb in dem Trog und konnte heute noch Schaden anrichten.

Der zweite Gegenstand war eine Rüstung, die in früheren Zeiten von einem europäischen Krieger getragen worden war. Nachdem ihr Besitzer ermordet worden war, haftete sein Geist an der Rüstung und gab ihr eine „spirituelle Energie“. An den Jahrestagen seiner Ermordung, erhöhte sich die Macht seiner Energie und führte zum „Spukhaus“-Phänomen.

Der dritte Gegenstand war eine Steintafel aus einem alten chinesischen Kloster, die für Gedenkdienste verwendet worden war. Nachdem er sie gekauft hatte, stellte der Besitzer sie in seinem Wohnzimmer aus. Auch wenn die Gedenktafel sehr alt war, so hatten sich die spirituellen Energien, die sich dort angesammelt hatten, noch nicht zerstreut und konnten noch Schaden anrichten.

Nachdem ich die Situation erklärt hatte, erzählte mir die Hausherrin dann: „In meinen Träumen haben mich Schlangen und Würmer gebissen und sind jede Nacht über mich gekrabbelt. Es war Ekel erregend. Jede Nacht kämpfte ich bis zum Morgen mit diesen Krabbelnden. Mehrere Male in der Abenddämmerung, habe ich den Schatten eines großen, heldenhaft aussehenden Kriegers gesehen. All dies geschieht zusätzlich zu vielen anderen merkwürdigen Schatten, die ich überall im Haus sehe. Es ist alles so Furcht einflößend."
Beide, der Eigentümer und seine Frau, flehten mich an: „Sie müssen uns helfen."
So habe ich ein „Hemmnis-Mantra" auf jede dieser drei antiken Gegenstände gelegt. Ich wies sie auch an, diese drei Teile in ein Antiquitätengeschäft zu bringen, um sie dort auf Kommission billig zu verkaufen.
Später erfuhr ich, dass sie alle nach dem Entfernen der drei Antiquitäten aus ihrem Haus von ihren „merkwürdigen Krankheiten" geheilt worden waren.
In der Vergangenheit bin ich auf ziemlich viele dieser Fälle bei meinen Feng Shui-Beratungen gestoßen. Viele reiche Leute haben leichtsinnig Antiquitäten gekauft, denen Geister anhaften. Es stimmt, dass das Ausstellen solcher antiken Gegenstände die Pracht eines Hauses erweitern kann, aber es zahlt sich nicht aus, wenn diesen Gegenständen spirituelle Energien anhaften und sie zu Spukphänomenen führen.
Deshalb sollte man sich bei der Anschaffung von Antiquitäten, die im Wohnzimmer ausgestellt werden sollen, erst mit dem Ursprung dieser Antiquitäten vertraut machen. Wurden sie für Gedenkrituale verwendet? Kamen sie aus Tempeln oder Klöstern? Wie war die Beziehung zwischen der Antiquität und ihrem Eigentümer. Was bedeuten die Worte, die auf den Gegenständen geschrieben stehen? Sind es Grabobjekte aus alten Gräbern? Befinden sich Bildnisse von Göttern und Buddhas auf den Gegenständen? Dies sind sehr wichtige Fragen. Im Wesentlichen verursacht anhaftende spirituelle Energie Störungen im magnetischen Feld eines Hauses und erzeugt dabei ein bösartiges Phänomen.

Ich, der Lebende Buddha Lian-Sheng, halte Holz- oder Steinskulpturen mit Bilden von Göttern, Menschen oder Tieren für mögliche Unterkünfte von Geistern. Solche Holz- oder Steinskulpturen mit anhaftenden Geistern könnten Spukphänomene von unterschiedlichem Ausmaß zum Vorschein bringen.
Dieses Kapitel liegt jenseits der Reichweite von Feng Shui, aber es zeigt auch, dass einige der bösartigen Phänomene jenseits des gewöhnlichen Wahrnehmungsvermögens eines Einzelnen existieren.

19. Das Auswählen des Hauptschlafraumes

Wenn man einen Raum auswählt, der als Hauptschlafraum des Hauses dienen soll, wählen die meisten Geomantiker dafür entweder den Hauptraum auf der „Drachenseite“ oder sie nehmen einfach den größten und luxuriösesten Raum als Hauptschlafraum. Es ist nicht ungewöhnlich für Leute, die Feng Shui unkundig sind eine solche Entscheidung zu treffen.
Die Auswahl ist nicht notwendigerweise falsch. Ein fachkundiger Geomantiker jedoch wird einen Schritt weiter gehen, um sicherzustellen, dass das Hauptschlafzimmer der Raum mit der größten lebhaften Energie ist. So ein Raum befindet sich nicht immer auf der oberen Drachenseite und ist nicht notwendigerweise der größte Raum. So ein Raum könnte ein relativ kleiner, einfacher Raum sein.
Ich habe einmal ein Haus einer Filmschauspielerin besichtigt und ihr geraten von ihrem eigenen riesigen, eleganten Schlafzimmer umzuziehen in das Zimmer des Dienstmädchens. Wie unterschiedlich diese beiden Räume waren!
„Warum sollte ich die Räume tauschen?“, fragte sie.
„Auch wenn Ihr gegenwärtiges Schlafzimmer groß ist, so ist das Chi in diesem Raum schwach und unzureichend. Andererseits hat das Zimmer des Dienstmädchens, obwohl es klein ist, ein nährendes,

lebhaftes Chi. Wenn Sie mir glauben, probieren Sie das neue Zimmer einmal aus."

Die Schauspielerin folgte meinem Rat und zog in das Zimmer des Dienstmädchens, um dort zu schlafen. In weniger als drei Monten wurde sie für die Hauptrolle eines Spielfilmes besetzt. Ihre Leistung erhielt viel Zuspruch von den Kritikern und ließen sie zum Shooting-Star werden. Sie fing an so viele Filmangebote zu erhalten, dass sie nicht alle annehmen konnte. Während dieser Zeit wurden in den Zeitungen ihre schauspielerischen Fähigkeiten angepriesen. Sie wurde wirklich ein brandaktueller Filmstar. Sie hatte jedoch ein Geheimnis, welches war, dass sie jede Nacht ihr luxuriöses Schlafzimmer verließ, um im Zimmer des Dienstmädchens zu schlafen.

Vielleicht denken einige, dass als Begründer einer religiösen Schule, das Schlafzimmer des Lebenden Buddhas Lian-Sheng der obere Raum auf der Drachenseite und der größte Raum im Haus sein muss. Es ist wahr, dass mein Haus einen oberen Raum auf der Drachenseite hat, der auch der größte Raum im Haus ist, aber dieser Raum ist nicht mein Schlafzimmer.

Ich halte mich in einem kleinen Raum auf, der „am Schwanz der Tigerseite" liegt. Dieser kleine Raum hat eine Tür und ein Fenster, die in den Hinterhof hinausblicken. Und obwohl der Raum klein ist, sammelt und lagert er lebhafte Energie. So ein Raum ist das wahre Hauptschlafzimmer im Haus. Es ist ein Raum, der es mir ermöglicht meine potenzielle Energie zu entwickeln und meinen unbezwingbaren Willen zu stärken.

Wenn ein großer und luxuriöser oberer Raum die stärkste, am meisten nährende Erd-Chi sammelt, sollte man es natürlich als Hauptschlafzimmer nutzen. Was man dann beachten muss, sind die Fenster. Übergroße Verandatüren (französische Fenster) führen oft zur Zerstreuung und Schwächung von nährendem Chi. Beleuchtung und Fenster sind wichtige Bestimmungsgrößen, ob ein Hauptschlafzimmer Chi ansammelt oder zerstreut.

Das Chi im Schlafzimmer beeinflusst tatsächlich oft die Nachkommenschaft. Schwaches Chi, dem es am Wesen der Zuneigung mangelt, zeigt nur wenige oder gar keine Nachkommen an. Sich ansammelndes Chi, mit dem Vorhandensein des Wesens der Zunei-

gung, spiegelt viele Nachkommen wider. Wenn sich jemand fragt, ob die Nachkommen Söhne oder Töchter sein werden, mache folgende sorgfältige Inspektion: Ein Schlafzimmer mit mehr Yang-Chi als Yin-Chi schafft für die Familie die Veranlagung Söhne zu gebären; ein Schlafzimmer mit mehr Yin Chi als Yang Chi schafft für die Familie die Veranlagung Töchter zu gebären. Wenn Yang- und Yin-Chi in gleichen Mengen vorhanden sind, dann ist die Chance für die Geburt von Söhnen und Töchtern gleich groß.
Was die Einflüsse des Schlafzimmer-Chis auf die berufliche Karriere angeht, so ist sich ansammelndes, starkes Chi ein Anzeichen für Erfolg. Umgekehrt deutet schwaches Chi Niedergang und Versagen an.
Die Höhe der Schlafzimmerdecke ist ebenfalls sehr wichtig. Decken, die zu niedrig sind, verursachen, dass man sich gequetscht und erdrückt fühlt. Es ist schade, dass manche reichen Leute absichtlich holprige, unebene Verzierungen wie aufwendige Baldachine an der Decke direkt über ihrem Bett anbringen. Solche Verschönerungen mögen anfänglich elegant erscheinen, aber mit der Zeit werden sie langweilig und erdrückend. Niedrige Decken, Kennzeichen von Katastrophen, symbolisieren die „Erstickung" der Karriere!
Hohe Schlafzimmerdecken sollten auch vermieden werden. Solchen Zimmer mangelt es an dem Wesen der Zuneigung und sie haben eine kalte, nicht einladende Atmosphäre. Ein Mittel, um dem entgegenzuwirken, wenn es keine andere Möglichkeit gibt, ist die Decke in einer warmen, dunkleren Farbe zu streichen.
Einige Leute hängen Spiegel in ihre Schlafzimmer. Spiegel dienen zwei Absichten: Sie erweitern die Tiefe des Raumes und sie wehren Dinge ab. Im Allgemeinen raten Geomantiker dazu, Spiegel im Schlafzimmer sparsam einzusetzen.
Wenn Spiegel in angemessener Weise verwendet werden, können sie ein Gefühl der Ruhe und des Glücks übermitteln. Sie können

auch positiv zur spirituellen Sicht beitragen oder „Magie“ im eigenen Leben erzeugen. Solche Gegenstände benötigen jedoch der Dienste eines wahrhaft ausgebildeten Lehrers.
Wahrhaft ausgebildete Geomantiker haben die Fähigkeit festzustellen, welcher Raum im Haus das wahre Hauptschlafzimmer ist. Sie können auch die Verbindung eines jeden Schlafzimmers mit deren Bewohner wahrnehmen. Für einen durchschnittlichen Menschen ist das Mindeste, was er tun kann, in einem Zimmer zu schlafen, das man als „friedlich“ empfindet.

20. Regeln zur Positionierung von Betten

Seite 79 meines Buches Ti Ling Hsien Tsung (Erdmagie und Geist) beginnt mit dem Kapitel „Die Aufstellung von Betten“, wo ich folgende Anweisungen vom taoistischen Meister Ch´ing Chen aufgezeichnet habe:

Vermeide einen starken Balken, der auf das Bett niederdrückt.
Sei in der Lage die Tür zu sehen, während du im Bett liegst.
Vermeide es das Bett direkt gegenüber der Tür stehen zu haben.

In diesem Kapitel beabsichtige ich diese Regeln in Einzelheiten zu erklären.

1) Vermeide einen starken Balken, der auf das Bett niederdrückt. Über dem Bett, sollten sich keine stahlverstärkten Betonbalken befinden, die quer oder parallel verlaufen. Hölzerne Balken sind ebenfalls nicht gut. Es ist auch nicht gut Betten unter Treppen stehen zu haben. Kurzum es ist am besten, wenn sich nichts direkt über dem Bett befindet. Vorsätzlich baldachinartige Ausschmückungen über dem Bett anzubringen, lädt zu Ärger ein. Wenn einmal das Gefühl von Erdrückung erzeugt ist, werden böse Einflüsse daraus folgen.

2) Sei in der Lage die Tür zu sehen, während Du im Bett liegst. Wenn wir im Bett liegen, müssen wir in der Lage sein, die Schlafzimmertür zu sehen. Das Bett befindet sich in der richtigen Orientierung, wenn wir in der Lage sind die Tür ohne Anstrengung und ohne uns zu verdrehen zu sehen. Einige Leute stellen den Kopf des Bettes gegen die Wand, an der sich die Tür befindet und wenn sie schlafen, blicken sie weg von der Tür. Dies ist die falsche Orientierung. Mit dem Rücken zur Tür zu schlafen, hat schlechte Auswirkungen auf die Gesundheit.

3) Vermeide es das Bett direkt gegenüber der Tür stehen zu haben.

Wenn ein Bett der Tür gegenübersteht, stürzt das hereineilende Chi direkt auf das Bett. Die beste Position für den Kopf des Bettes ist die Ecke diagonal gegenüber von der Tür. Wenn das Chi gerade in das Zimmer eintritt, hat es sich noch nicht beruhigt und starkes Chi kann schädlich sein.

Ich möchte gerne ein paar Dinge hinzufügen. Erstens, bringe keine künstlichen Dachluken an der Decke über dem Bett an. Zweitens, der Kopf des Bettes muss an eine solide Wand lehnen. Die Wand, an die sich das Bett lehnt, sollte kein Fenster direkt über dem Kopf des Bettes haben. An einer soliden Wand zu lehnen bedeutet Unterstützung zu haben. In einem Bett direkt unter einem Fenster zu schlafen, kann schlimmen Einfluss auf Gesundheit und Wohlstand haben.

Ich habe einmal eine Feng Shui-Messung für einen Haushalt durchgeführt, deren Familienmitglieder in Betten schliefen, die in der Mitte ihrer Zimmer platziert waren. Diese Art von Platzierung ist ungeeignet. Ohne die Wände zur Unterstützung, fühlt man sich „substanzlos“ als ob man „in der Luft schweben“ würde. So eine Platzierung des Bettes wird tatsächlich dazu führen, dass die Karriere einer Person nicht geerdet und „substanzlos“ wird.

Ist es auch notwendig das Bett gemäß der eigenen magnetischen Geburtsorientierung (basierend auf den Himmelsrichtungen der zwölf Erdzweige) auszurichten? Ich habe dies auch schon in dem Buch Ti Ling Hsien Tsung angesprochen. Die ideale Lage für die Haupttür eines Hauses ist es, in einer Orientierung zu stehen, die

kompatibel zur magnetischen Geburtsorientierung des Eigentümers ist. Und für das Bett ist die ideale Lage ebenfalls gemäß den Himmelrichtungen der zwölf Erdzweige ausgerichtet zu sein. Allerdings ist es wegen der Einschränkungen durch die Regeln zur Positionierung des Bettes oft unmöglich, das Bett gemäß den Himmelsrichtungen der zwölf Erdzweige auszurichten. Deshalb empfinde ich in dieser Situation, dass man sich nicht streng an diese besonderen Aufstellungsregeln halten muss. Es gibt auch noch viele andere Ursachen.
Ich habe zuvor folgendes festgestellt. „Einige Geomantiker glauben, dass sie die magnetische Geburtsorientierung beim Positionieren des Bettes in Berechnung ziehen müssen. Das Ergebnis ist ein unbehaglich aussehendes, schlecht platziertes Bett mit einem ungewöhnlichen Arbeitsraum. Es ist irrational in einem solchen Bett zu schlafen. Ein Bett, das so aufgestellt ist, dass alle vier Seiten auf Ecken gerichtet sind, kann sogar schädliches Chi, schwere Verletzungen und möglichen Tod einladen. Es ist deshalb falsch zu fordern, dass man sein Bett immer gemäß der magnetischen Geburtsorientierung platzieren muss.
Ich habe zum Beispiel etliche ungewöhnliche Schlafzimmer gesehen:

1) Eines hatte Spiegel rundherum, über und unter dem Bett angebracht. Das Zimmer fühlte sich an wie ein illusorisches Traumland der Spiegel.
2) In einem war das Kopfbrett des Bettes eine Drachenskulptur, die Wasser spie.
3) An allen Seiten eines anderen Bettes waren Köpfe von Tieren wie Tiger, Leoparden, Löwen und Elefanten angebracht. In so einem Bett zu schlafen musste sich anfühlen wie der König der Bestien zu sein!
4) Ich sah einmal ein herzförmiges Bett, dessen Eigentümer Liebe über alles andere wertschätzte.
5) Jemand anderes hatte ein rundes Bett in der Mitte des Schlafzimmers platziert.
6) Ein Bett hatte einen Mechanismus installiert, so dass es sich auf und ab bewegte und in beide Richtungen drehte.

Unglücklicherweise erleiden alle reichen Leute, die in solchen Schlafzimmern schlafen, danach ihren Niedergang. Diese merkwürdigen Betten standen nicht in Übereinstimmung mit den Lehren des Feng Shui und symbolisieren Verfall.

Ich habe gehört, dass manche dieser Betten sogar von Geomantikern entworfen worden waren, um die psychischen Bedürfnisse ihrer reichen Klienten zufrieden zu stellen. „Zu viele Spiegel" jedoch führen zu einem Verlust von Inspiration. „Wasser am Kopf eines Bettes" zeigt Verwicklungen und Schwierigkeiten an. Ein „Bett der Tiere" verursacht Müdigkeit sowohl im Körper als auch im Geiste. Ein „herzförmiges Bett" kann zu Pessimismus führen. „Runde Betten" machen einen im Freundeskreis unbeliebt. Ein „mechanisches Bett" verursacht endlose Streitereien. Dieses sind die Feng Shui-Auswirkungen auf die oben erwähnten Bettdesigns. Solche Betten können einen Reiz auf die Eitelkeiten der Reichen ausüben, aber die Verluste, die sie sich damit zuzogen, waren das Ganze nicht wert.

Ein Bett kann bequem sein und die Dekoration des Zimmers elegant, dennoch sollte man immer das Feng Shui beachten. Erschaffe nicht vorsätzlich merkwürdige und unnatürliche Effekte. Dieses wird zu Stagnation und Verwirrung führen sowie zu einem Verlust der Inspiration für die Arbeit und zur Schwächung der Willenskraft. Man wird lustlos, faul und dekadent.

Solcher Art sind die Nachteile von Schlafzimmern, die zu luxuriös sind. Ohne eine angemessene Unterdrückung der Genusssucht, werden endlose Gier und Verlangen auftreten.

21. Die Platzierung von Schreinen

Als ich das erste Mal in den Vereinigten Staaten ankam, erhielt ich viele Einladungen zu Feng Shui-Beratungen. Eine war ein Ersuchen, ein „sehr gutes" Restaurant zu inspizieren, das ein exzellentes Feng Shui hatte. Viele Geomantiker hatten das Lokal vor mir besichtigt und sie alle stimmten überein, dass die Lage sehr gut war.

Nach der Besichtigung fand ich auch, dass das Feng Shui sehr gut war. Trotzdem liefen die Geschäfte dort in Wirklichkeit sehr schlecht. Nicht nur, dass das Personal faul war, selbst die Gäste schienen von der elenden Trostlosigkeit angesteckt zu werden, sobald sie das Restaurant betraten. Es hielten sich nie mehr als ein paar wenige Gäste im Restaurant auf und zu der Zeit, als ich ankam konnte der Besitzer kaum seine Rechnungen bezahlen.
Als ich mich im Restaurant umsah, bemerkte ich, dass ein Schrein direkt über dem oberen Vorsprung der Tür errichtet worden war, die von der Küche in den Speisesaal führte. Diese Tür war der Durchgang, durch den die Kellner die Gerichte in den Speisesaal brachten. Ich teilte dem Besitzer mit: „Die Errichtung des Schreines ist falsch."
„Warum ist sie falsch?"
„Es befindet sich nichts unter dem Schrein."
„Warum ist das schlecht?"
„Der Schrein ist errichtet worden, ohne etwas darunter zu haben; das macht es unmöglich Geld-Chi hereinzubringen. Die Tür darunter schließt und öffnet sich kontinuierlich und verursacht dabei knallende Geräusche. Wie kann eine Gottheit auf so einer Stelle still sitzen? Die Gottheit ist bereits vor langer Zeit weggelaufen."
„Die Gottheit ist weggelaufen, aber hätten die Gäste nicht bleiben können?" fragte der Besitzer mit einem Lachen.
„Dass die Gottheit weggelaufen ist, hatte einen negativen Einfluss auf das Geschäft und verursachte, dass die Gäste wegliefen."
Der Restaurantbesitzer glaubte eigentlich nicht an die Existenz von Göttern und Gottheiten und die Anbringung eines Schreins war nur eine gängige kulturelle Gewohnheit gewesen. Aber nachdem er meinen Rat gehört hatte, versetzte er ohne weiteren Kommentar den Schrein auf eine Geldvorratsstelle in dem Speisezimmer. An dem neuen Ort hatte der Schein eine solide Rückendeckung, mit Wänden zur rechten und linken Seite, die verhinderten, dass das Chi entwich. Der neue Aufstellungsort war auch wärmer und ruhiger. Ich forderte, dass der Besitzer ein paar Lichter mehr auf den Schrein stellt, um ihn zu erhellen und schlug vor regelmäßige Opfergaben zu machen. Ich sagte dem Besitzer, er solle Anzeigen aufgeben, die ankündigten, dass anlässlich des ersten Jahrestages des Restaurants jeder

Gast ein zusätzliches Gericht und einen Teller mit Obst erhalten würde. Ich schlug auch vor, dass er einen neuen stellvertretenden Chef zur Zubereitung von Spezialgerichten einstellen sollte.
Nachdem der Schrein umgesetzt worden war und nach Befolgung meiner Ratschläge, fand plötzlich eine Kehrtwende bei den Geschäften statt. Jeden Tag wartete draußen eine lange Schlange von Gästen. Die Schlange erstreckte sich von der Tür bis zur Hauptstraße hin und innen war das Restaurant stets gerammelt voll. Es gab so viele Gäste, dass der Besitzer sein Glück kaum fassen konnte.
Danach würde der Besitzer, jedes Mal wenn ich ihn besuchte, kommen, um mich mit einem breiten Lächeln zu empfangen: „Willkommen, Lebender Buddha, mein Glücksstern, willkommen."
In diesem Fall war das Problem einfach nur durch das Umsetzen des Schreins von über der Küchentür auf einen Glück verheißenden Platz, wo regelmäßige Opfergaben gemacht wurden, gelöst. Diese Handlungen führten zu spirituellem Schutz und Wohlstand für das ganze Restaurant.
Der Restaurantbesitzer erlebte eine riesige Profitzunahme und hat seitdem noch zwei zusätzliche Restaurants eröffnet. Er konsultierte mich auch für die Umgestaltung und Anbringung der Schreine in den neuen Restaurants. Alle drei Restaurants machen gegenwärtig sehr gute Geschäfte und bringen eine große Menge an Geld ein.
Ich erinnere mich während meiner Feng Shui-Messungen in Taiwan auf zwei Geschäfte gestoßen zu sein, die auch ihre Schreine direkt über Durchgänge platziert hatten. Unter den Schreinen gingen die Leute hin und her. Ich warnte die Ladenbesitzer davor, leeren Raum oder Durchgangsverkehr unter den Schrein zu haben und schlug eine Umstellung der Schreine oder die Schließung des Durchganges vor. Sie sagten beide, sie würden das tun, aber führten meine Anweisungen dennoch nie aus.
Kürzlich hörte ich, dass sich einer der Besitzer bankrott gemeldet hatte und der andere hoch verschuldet war und jemanden suchte, der das Geschäft übernahm.
Ich halte es für das Beste keinen leeren Raum über, unter oder auf einer der Seiten vom Schrein zu haben. Wenn Fenster in der Einrichtung notwendig sind, dann können diese in der Mitte der rechten

oder linken Wand angebracht werden. Ein leerer Raum über oder unter dem Schrein ist ungünstig, weil der Schrein so kein Geld-Chi erhalten wird. Der Grund dafür ist sehr einfach: Eine Öffnung über, unter oder an eine der Seiten führt zu großer Ableitung von Chi und zur Instabilität des Chi der Gottheit.

Selbst in einem gewöhnlichen Haushalt müssen Schreine an geeigneten Stellen, ohne einen leeren Raum über, unter oder an der Seite, angebracht werden. Wenn ein Schrein richtig angebracht ist, wird es die positive Energie von der bewohnenden Gottheit ansammeln und kleinere Feng Shui-Probleme im Haus ausgleichen.

In der Vergangenheit hatte ich geschrieben, dass es keinen leeren Raum über, unter oder an einer Seite des Schreins geben sollte. Viele Schüler haben diese Anweisungen missverstanden und dachten es bedeutet, dass es keine Fenster an den drei Wänden geben dürfte. Die einzige Wand die tatsächlich kein Fenster haben sollte, ist die Wand, die die Rückenunterstützung des Schreins bildet. Die rechten und linken Wände können Fenster in der Mitte haben, solange diese Wände immer zur Form von zwei „schützenden Armen" führen. Ich habe Fälle gesehen, bei denen Schreine neben Türen angebracht waren. Dies ist ebenfalls unpassend, da das Öffnen und Schließen der Tür viel Lärm und einen Durchzug, der zu instabilen Chi führt, erzeugt. Achte darauf sicherzustellen, dass die Rückwand des Schreines stark und fest ist. Wenn die Wand gebrechlich ist, wird der Schrein nicht bequem und sicher stehen. Er wird möglicherweise fallen und wenn einmal ein Schrein fällt, dann folgt der Bankrott.

22. Den Schrein nutzen, um Wassergeist-Chi zu bescheren

Einen Schrein in einem Wohnhaus aufzustellen ist gleichbedeutend mit „dem Eingreifen in höhere Kräfte von Göttern und spirituellen Wesen" oder dem Begriff des Yung-Shen. Anders gesagt, Yung-Shen zu verwenden bedeutet das existierende magnetische Feld des Grundstückes zu ändern.

Viele östliche Familien bringen traditionell Schreine in ihren Heimen an, um diese anzubeten und für die Geister der Götter und Vorfahren Opfer darzureichen. Es ist wahr, dass die Geister antworten werden, wenn jemandes Hingabe wahrhaftig ist. Man muss jedoch auch die richtigen Regeln beim Entwerfen des Schreines befolgen. Wenn der Schrein richtig errichtet ist, wird er das Glück ergänzen; umgekehrt werden ein nicht korrekt gestalteter Schrein und nicht angemessene Anbetung Unglück bringen. In dieser Hinsicht ist Vorsicht berechtigt.

In der Beurteilung, ob ein Heim gedeihen oder verfallen wird, sollten Geomantiker das Haus nach dem Vorhandensein oder der Abwesenheit des „Wesens der Zuneigung" bewerten. Sein Vorhandensein führt zu Wohlstand; seine Abwesenheit führt zum Versagen. Richtige Analyse vom Wesen der Zuneigung - ein sehr kompliziertes, komplexes Fach - verlangt tiefe Studien und Übung.

Wie kann man feststellen, ob das Wesen der Zuneigung im eigenen Schrein existiert? Die Antwort liegt in der Fähigkeit des Schreines „Wassergeist-Chi" hervorzubringen, das das Wesen der Zuneigung in sich trägt. „Wassergeist" ist ein kollektiver Begriff, der Flüsse, Ströme, Seen, Bäche, Ozeane oder irgendetwas anderes, das Wasserdämpfe ansammelt, einschließt. Auf Flachland sind die Reisewege des Wassergeistes nicht offensichtlich. Geomantiker haben jedoch folgende Definitionen:

„Berg" bezieht sich auf jedes Grundstück, das mindestens einen Zoll (2,54 cm) höher liegt als das Umfeld.

„Wasser" bezieht sich auf jedes Grundstück, das mindestens einen Zoll niedriger liegt als die Umgebung.

Selbst auf relativ flachem Land kann der Wassergeist immer noch einem gewundenen Pfad folgen.

Unten aufgeführt sind Beispiele für Schreine und ihre Beziehung zum Wassergeist und dem Wesen der Zuneigung:

1) Wasser außerhalb des Bogens – Der Schrein steht Wassergeist gegenüber, der eine Kurve formt. Der Schrein liegt außerhalb der Kurve und ist unvorteilhaft.

2) Wassergeist von hinten – Der Schrein steht nicht dem Wassergeist gegenüber, sondern stattdessen nähert er sich diesem von hinten. Das ist unvorteilhaft.

3) Schräg wegführendes Wasser – Der Schrein steht Wassergeist gegenüber, der schräg vom Haus wegfließt. Das ist unvorteilhaft.

4) Gewöhnliches Wasser – Der Schrein steht Wassergeist gegenüber, der vor dem Haus in gerader Linie fließt – Dies ist weder gut noch schlecht.

5) Wasser innerhalb des Bogens – Der Schrein steht Wassergeist gegenüber, der eine Kurve formt, die das Haus wiegt. Das ist vorteilhaft.

6) Goldfischwasser – Der Schrein steht Wassergeist gegenüber, der wie der Bauch eines Goldfisches geformt ist. Das ist vorteilhaft.

7) Wassergeist gegenüberstehen – Der Schrein steht Wassergeist gegenüber, der auf den Schrein zufließt. Vom Schrein aus muss man seinen Kopf heben, um Wasser von oben nach unten fließen zu sehen. Das ist vorteilhaft.

8) Wasser, das von der Seite eintritt –Der Schrein steht Wassergeist gegenüber, das in einem Winkel auf das Haus zufließt. Das ist vorteilhaft.

9) Schauerwasser – Ein hoher Berg mit einem Wasserfall oder ein Strom hinter dem Schrein führt zu großen Katastrophen wie Inzest oder Rebellion gegenüber Vorgesetzten.

10) Zügellos klingendes Wasser – Wenn der Schrein einem Fluss mit einem Hindernis, das turbulente und plätschernde Geräusche erzeugt, gegenübersteht, so ist das auch höchst katastrophal und deutet auf lüsternes Verhalten hin.

Kurz gesagt, die Richtung in der der Schrein blickt, kann entscheiden, ob Wohlwollen oder Zerstörung jemandes Heim befällt; die Art des gegenüberstehenden Wassergeistes wirkt sich auf die Erzeugung des Wesens der Zuneigung aus.

Um das schädliche und destruktive Chi zu unterdrücken, das mit Wasser assoziiert wird, haben Geomantiker gelernt in der Kunst von Yung-Shen üblicherweise die folgenden drei Talismane anzuwenden:

1) Auf dem ersten Talisman sind folgende Worte geschrieben: Der Buddha verordnet dem Wasser gereinigt und alles schädliche Chi vernichtet zu sein.
2) Auf dem zweiten Talisman sind folgende Worte geschrieben: Durch den Erlass des Himmels erhalten von Meister Chang, befiehlt Meister Yang dem Wasserheilkraftstern diesen Ort zu bewachen.
3) Auf dem dritten Talisman sind folgende Worte geschrieben: Durch den Erlass des Himmels erhalten von Meister Chang, befiehlt Meister Yang dem Sonnenwasserheilkraft-Tsaihsun-Stern diesen Ort zu bewachen.

Diese drei Talismane waren Schätze, die im Geheimen von meinem Meister, den taoistischen Meister Ch´ing Chen, an mich übermittelt wurden.
Es gibt viele magische Praktiken, die sich mit Wasser beschäftigen. Unter ihnen ist die Fünf Geistermethode, die in erster Linie benutzt wird, um zu bestimmen, ob ein Wohnsitz vorteilhaft oder unvorteilhaft ist. Eine andere Methode verwendet das Neun-Sterne-System (die Namen der neun Sterne sind Reinheit und Wahrheit, militärisches Streben, Zerstörer der Heere, Linker Unterstützer, gieriger Wolf, großes Tor, Wohlstand, Gelehrter und rechter Beschützer). Eine andere Methode wendet die 24-Berge-Positionen an.
Hier ist ein Geheimnis, das ich mit den Lesern teilen werde. Wenn es vor dem Schrein zwei verschiedene Bäume von gleicher Größe oder zwei halbmondförmige Wasserläufe gibt oder zwei halbmondförmige Wasserläufe hinter dem Haus, lässt dies erahnen, dass der Herr des Hauses zwei Frauen haben wird.
Im Allgemeinen haben Geomaniker viele Tabus hinsichtlich der Errichtung von Schreinen. Zum Beispiel sollten Schreine nicht unter einem Balken, einer Treppe, neben Durchgänge, an Orten, an

denen sich schädliches Chi konzentriert oder an Orten mit häufigem Fußgängerverkehr errichtet werden.
Ich, der Lebende Buddha Lian-Sheng empfinde, dass ein Schrein, der Wassergeist-Chi beschert oder erhält ganz sicher „das Wesen der Zuneigung“ besitzt. Einige Schreine erhalten Wassergeist schneller als andere, weil Wasser von vorne, von der Seite und von hinten kommen könnte. Dies ist der Grund, warum manche Leute schneller reich werden als andere. Wohlstand kann durch angemessene oder legale Kanäle erzielt werden oder durch unvorhergesehene oder unrechtmäßig erworbene Mittel. In einigen Fällen kommt das legale Geld schnell, während das unrechtmäßig erworbene Geld langsam kommt; in anderen Fällen ist die Lage umgekehrt. Nur Fachleute können sagen, ob der Wohlstand schnell oder langsam kommen wird und ob es durch die richtigen oder unvorhergesehenen Kanäle kommt.
Um einen Schrein umzusetzen muss man schließlich zwei Schlüsselfaktoren beachten:

1) Wähle einen Glück verheißenden Tag und Stunde für die Umstellung.
2) Lade einen taoistischen Priester oder buddhistischen Mönch, Nonne oder Meister ein, um die Zeremonie durchzuführen.

23. Alte Brunnen und Wassertürme

In Yunling, Taiwan, habe ich einmal eine Feng Shui-Messung für eine Familie durchgeführt, die in einem im westlichen Stil erbauten Gebäude wohnte.
Innerhalb eines Jahres, nachdem der Eigentümer in dieses Gebäude gezogen war, sind drei Mitglieder der Familie verstorben. Eines war eine ältere Einzelperson, aber zwei waren junge Leute und hätten nicht so früh sterben sollen.
Als ich in ihrem Haus ankam, schritt ich zuerst in das Zimmer mit dem Schrein, um meinen Respekt zu bezeugen. Ich setzte mich dann

in das Wohnzimmer, drehte mich zu dem Eigentümer hin und fragte: „Gibt es einen alten Brunnen auf diesem Grundstück?"

„Ja, warum?", fragte der Eigentümer äußerst überrascht. „Herr Lu, Sie sind wirklich übersinnlich. Wir haben das Land von unseren Vorfahren geerbt und es gab dort in der Tat einen Brunnen. Aber wir haben ihn während des vorangegangen Bauprojekts zugeschüttet."

Ich teilte dem Eigentümer mit: „In dem Brunnen befindet sich der Geist von jemanden, der dort gestorben ist. Als Sie den Brunnen zugeschüttet haben, haben Sie keinen Bardo-Befreiungsdienst für die Seele durchgeführt und sie ist nun dort drinnen vergraben und verursacht Ihre Probleme."

„Oh!", der Eigentümer war sprachlos. Nach einer Weile bemerkte er: „Ich erinnere mich daran, dass mein Vater mir eine Geschichte von einer fälschlich beschuldigten Konkubine erzählt hat, die in den Brunnen gesprungen ist. Dies soll in der Generation, in der mein Großvater lebte, passiert sein. Aber Herr Lu, woher wussten Sie über den Brunnen Bescheid?"

„Die Gottheit in Ihrem Schrein hat es mir gesagt", lachte ich.

„Können Sie mir dann den gegenwärtigen Standort des Brunnens nennen?", fragte der Eigentümer, um mich zu prüfen.

„Natürlich." Ich stand auf und ging hinüber zu einem der Badezimmer. Dort zeigte ich hinein und teilte dem Eigentümer mit, dass sich der Brunnen unter dem Badezimmer befände.

Der Eigentümer antwortete: „Sie haben meine Bewunderung. Sie sind in der Tat der beste Feng Shui-Meister der Welt."

Mehrere meiner Feng Shui-Schüler begleiteten mich auf dieser Reise und sind sich der Einzelheiten über diesen „alten Brunnen-Vorfall" sehr bewusst. Um das Problem zu lösen, benutzte ich folgende zwei spirituelle Mittel:

1) Ein Ritual wurde durchgeführt, um die neidische Seele vom zugeschütteten Brunnen zu befreien.

2) Auf dem Grundstück des alten Brunnens nahm ich etwas von der Erde weg und vergrub einen grünen Baumbus, der mit einem Talisman zur Reinigung und Unterdrückung von schädlichem Chi beschrieben war.

Die Familie in dem Gebäude setzte danach friedlich ihre Leben fort.
Alte Brunnen spielen eine wichtige Rolle im Feng Shui von Wohnhäusern und sollten nicht vernachlässigt werden. In der Vergangenheit waren Brunnen unerlässlich für die Existenz der Menschen. Sie dienten als wichtige Wasserquellen und wurden als zu berücksichtigende Schlüsselaspekte in geomantischen Studien betrachtet. Die Ausschachtung und Schließung von Brunnen können sich maßgeblich auf das Hauswesen-Feng Shui auswirken. Viele lebende Geschöpfe wie auch mögliche Geister bewohnen ebenfalls alte Brunnen.
Alte Brunnen können nicht nur in Taiwan gefunden werden, sondern auch in modernen Ländern wie den Vereinigten Staaten von Amerika. In Amerika haben Häuser, die neben Seen oder in entlegenen Gebieten weitab von kommerzieller Wasserversorgung gebaut wurden, oft Brunnen um das Grundwasser heraufzuziehen.
Wenn man einen Brunnen schließt oder zuschüttet, sollte man ein Stück grünen Bambus beschaffen, die Haut abschälen und darauf das Erdgott-Mantra schreiben. Wähle ein „Man“-Datum aus dem Mondkalender, um den grünen Bambus in den Brunnen zu werfen. Dann kann man den Brunnen mit Erde zuschütten. Es ist noch besser, wenn man eine Bardo-Befreiungszeremonie vor dem Erdgottritual durchführt. Dieses spirituelle Mittel habe ich von meinem Lehrer, dem taoistischen Meister Ch´ing Chen, erlernt. In den Vereinigten Staaten kann man zum Schließen eines Brunnens einen katholischen Priester einladen, um für Frieden zu beten und heiliges Wasser um die Öffnung des Brunnens herum zu versprengen, bevor man ihn verschließt. Die Schließung eines Brunnens ist eine bedeutsame Angelegenheit, die nicht gering geschätzt werden darf.
Ein anderes Gebilde, das mit dem Grundwasser verbunden ist, ist der „Wasserturm“. Ein Wasserturm liegt oft auf dem höchsten Punkt eines Gebäudes. Da er groß ist, ragt so ein Turm natürlich heraus und beeinflusst das Feng Shui des gesamten Gebäudes. Ein herausragender Wasserturm ist schwierig zu verbergen und erzeugt oft Unausgeglichenheit oder Asymmetrie in einem Gebäude.

Um den negativen Einfluss des Wasserturms auf das Feng Shui zu vermeiden, schlage ich vor, dass man an einem anderen Erscheinungsbild des Turms arbeitet. Wenn ein Wasserturm auf der östlichen Seite eines Gebäudes steht, dann sollte man ein anderes Gebilde auf der westlichen Seite errichten, das in Größe und Form ähnlich ist, um die ursprüngliche Herausragung auszugleichen. Dieses Gebilde kann für viele Zwecke errichtet werden und wird gleichzeitig die destruktive Macht des Wasserturmes beseitigen.
Ich habe einmal eine Fabrik besichtigt, wo die Besitzer einen sehr hohen Turm auf der Tigerseite gebaut hatten (nördliches Ende in diesem Fall). Nach dem Bau wurden zahlreiche Lastwagen der Fabrik in Unfälle verwickelt und die Fabrik erlitt große Verluste. Die Geschäftspartner, die das Unternehmen gemeinsam besaßen, begannen sich in Machtkämpfe zu verstricken, die Moral der Angestellten sank und die Leute bummelten während ihrer Arbeit.
Als Lösung schlug ich die Errichtung eines zweiten hohen Wasserturmes am südlichen Ende der Fabrik vor, der gleichhoch wie der bereits bestehende auf der Drachenseite sein sollte. Mit der Vollendung des zweiten Wasserturmes, der die Symmetrie des Gebäudes wiederherstellte, hatten die Lastwagen merkwürdigerweise keine Unfälle mehr, die Effizienz der Arbeiter verbesserte sich und die Geschäftspartner begannen zu kooperieren und als Team zusammenzuarbeiten.
Vorzugsweise sollten Wassertürme durch ähnliche Gebilde ausgeglichen werden und verborgen werden. Auf diese Weise können die negativen Kräfte der Wassertürme kontrolliert werden.
Im Hauswesen-Feng Shui vernachlässigen Geomantiker oft alte Brunnen und Wassertürme. Die Einflüsse sind jedoch bedeutsam und ihr Stellplatz muss speziell festgelegt werden.

24. Der Zulauf und Ablauf von Wasser

In den Messungen von Hauswesen-Feng Shui wenden moderne Geomantiker oft folgendes System in ihren Analysen an: „Acht Himmelsrichtungen und vierundzwanzig Bergrichtungen", Vier östliche Lebensunterkünfte und Vier westliche Lebensunterkünfte; „Die Bestimmung einer günstigen Orientierung gemäß dem Geburtsjahr" usw.

Für einen Wohnort – einer Yang-Behausung - ist der wichtigste zu berücksichtigende Faktor die Fähigkeit des Baugrundstückes „Sheng-Chi" oder Lebenskraft anzusammeln. Für ein Bestattungsgrundstück - einer Yin- Behausung - ist der wichtigste Faktor die Fähigkeit des Grundstückes „Ti-Chi" oder Erdenergie zu absorbieren. Ein Geomantiker inspiziert nicht nur das Terrain um das Gebäude herum, sondern muss auch die zahlreichen Etagen und Zimmer und die Aufteilung der Zimmer berücksichtigen. Er muss sorgfältig alle Türen im Gebäude begutachten, sie in der Größe unterscheiden – groß, mittel oder klein – und ihren Typ kategorisieren – d. h. Haupttür, Seitentür, Notausgang usw.

Wahrend der Begutachtung werden im Allgemeinen folgende Faktoren in Erwägung gezogen:

Die „Geldvorratsstelle" liegt im Wohnzimmer auf der Seite, die das meiste Chi sammelt, absorbiert und lagert.

Ein Bett sollte gemäß der Lage der Türen und Öffnungen, die dem Chi erlauben in den Raum einzutreten und ihn zu verlassen, aufgestellt werden.

Die Orientierung des Küchenherdes sollte in Übereinstimmung mit den drei Glück verheißenden Orientierungen des Hausbesitzers stehen.

Ein Badezimmer, vorzugsweise unscheinbar, sollte in einer ungünstigen Richtung liegen und durch Topfpflanzen ausgeglichen werden.

Jedweder Brunnen auf dem Grundstück sollte in einer günstigen Richtung liegen.

Viele Geomantiker haben jedoch die Auswirkungen vom Zulauf und Ablauf des Wassers ins und vom Haus weg vernachlässigt. Der Eintritt und das Wegfließen von Wasser aus dem Haus sind recht

wichtig. Im Feng Shui ist Wasser gleichbedeutend mit Geld - es flüssig und immer in Bewegung. Die Bewegung von Wasser erzeugt einen machtvollen Einfluss auf die Umgebung.
Meiner Meinung nach sind Probleme, die aus dem ungünstigen Fluss von Wasser auftreten sehr schwierig zu regeln. Es kann sehr schwierig sein für Leute, die in solchen Heimen leben, Verletzungen und Tod zu vermeiden.
Ich habe einmal ein Haus mit einem Wasserfall besichtigt, der auf dem Balkon der zweiten Etage installiert worden war. Der Wasserfall war so entworfen worden, dass das Wasser von oben von einem Steinhaufen aus kaskadenartig in ein flaches Becken fiel. Der Eigentümer war recht stolz auf seinen Wasserfall, den er selber entworfen hatte, so dass es mir widerstrebte die Fehler in dieser Struktur aufzuzeigen. Nach meinem Weggehen informierte ich den Freund, der mich in das Haus gebracht hatte, über das Problem.
„Die großen Steine und der Wasserfall befinden sich an einer Stelle, die in Relation zu dem Nacken des Eigentümers steht. Bitte sage ihm, er soll den Wasserfall abbauen oder ein sehr schweres Unglück wird daraus folgen."
Trotz der Warnung baute der Eigentümer des Wohnsitzes den Wasserfall nicht ab. Drei Jahre später entdeckte er, dass er einen Knoten am Nacken hatte, der wie medizinische Tests herausfanden, bösartig wuchs. Der Tumor am Nacken glich in vieler Weise den Steinen und dem Wasserfall in seinem Haus. Er verstarb kurz danach. Zu dieser Zeit war er der Präsident von mehreren Fabriken und Besitzer eines großen Restaurants. Jung und bereits erfolgreich, hatte er eine höchst viel versprechende Geschäftskarriere vor sich. Nachdem er die Diagnose erhalten hatte, suchte er mich auf. Ich gab ihm meine Segnungen, aber schüttelte den Kopf, wissend, dass es zu spät war etwas zu unternehmen.
In großen Gebäuden ist Wasser oft in dekorativer Form von Wasserfontänen gegenwärtig. Wenn sie von fachkundigen Geomantikern entworfen sind, um eine beruhigende, angenehme Atmosphäre zu erzeugen, kann die Einführung von Wasser die Kundschaft vermehren und die Geschäfte steigern.

In gewöhnlichen Haushalten jedoch ist es immer unheilvoll Becken zu graben oder Fontänen oder Wasserfälle im Haus zu errichten. Wenn es nur dem persönlichen Wohlgefallen dient, dann ist solch ein Betrieb unnötig. Es gibt normalerweise keinen Platz im Haus, der für so einen extravaganten Einsatz von Wasser günstig ist.
Teiche, Schwimmbecken und Fontänen, die außerhalb des Hauses erbaut sind, sind annehmbar. Um jedoch sicherzustellen, dass diese Dinge an günstigen Stellen errichtet werden- nordöstliche und südwestliche Positionen sollten beispielsweise gemieden werden – konsultiere einen fachkundigen Geomantiker.
Es gibt zwei Richtlinien die den Zulauf und Ablauf von Wasser leiten:

1) Wasser, das in ein Haus eintritt, sollte bemerkbar sein und Wasser, das aus einem Haus hinaus fließt, sollte verborgen sein. Anders gesagt, Wasser sollte über offene Bäche einfließen und über versteckte Bäche ausfließen.
2) Wasser, das auf das Haus zufließt, sollte ein direkter, gerader Strom sein. Wasser, das abfließt, sollte durch einen gewundenen, indirekten Kanal fließen.

Diese beiden Richtlinien betreffen das „Nutzbarmachen" von Wohlstand. Ein direkter Zufluss von Geld mit langsamen, indirekten Ausgaben hat Ersparnisse und Überfluss zur Folge.
In der Vergangenheit habe ich, Lebender Buddha Lian-Sheng, eine Fabrik begutachtet, die große Geschäfte durchführte und riesige Bruttoeinahmen hatte. Ihre Ausgaben waren jedoch erstaunlich. Anstelle vom direkten Zufluss von Wasser-Chi vor dem Gebäude, gab es einen großen Abflussgraben hinter dem Gebäude, der zu gerade und bloßgelegt war. Um den Zustand zu berichtigen, empfahl ich eine Brücke über den Bach zu bauen. So eine Brücke dient drei Funktionen:

1) Kompensation für das zu große Bloßlegen des Grabens
2) Verlangsamen und „Einschließen" des fließenden Wassers
3) Verbesserung des Fußgängerverkehrs in dem Gebiet

Die richtige Analyse von Zulauf und Ablauf von Wasser erfordert eine große Menge an Übung und Studium.

25. Die Wichtigkeit von Werkstätten

In den Vereinigten Staaten haben viele Haushalte ihre Werkstätten oft in ihren Garagen. In der Garage drinnen, neben den geparkten Autos, werden verschiedene Werkzeuge und Geräte gelagert. Da es sehr teuer sein kann andere für Reparaturaufgaben zu bezahlen, führen die Hausbesitzer selber oft einfache Reparaturen wie das Einstellen der Fahrzeuge, Wasser und Elektrizitätsreparaturen, Rasen mähen und Haus anstreichen, durch. Selbst gekaufte Möbel aus den Geschäften sind oft noch auseinander gebaut und man muss die Anleitungen lesen, um die Teile zusammenzubauen.

Weil die Werkstatt ein „Aktivitätsraum" mit viel Bewegung, Gehämmer, Geklopfe und anderen lauten Geräuschen ist, hat ihre Lage in einem Haus großen Einfluss auf das Hauswesen-Feng Shui. Werkstätten sind daher sehr wichtig.

Häuser mit Unterkellerung können ihre Werkstätten in einer niedrigeren Etage einzurichten. Es ist am besten, wenn der Keller entweder in einer Nordwestposition oder auf einer niedrigeren, hinteren Drachenseite des Hauses liegt. Naturgemäß sind Werkstätten relativ unordentliche Plätze und sollten nicht im oberen, vorderen Teil des Hauses liegen. Am zweckmäßigsten ist es, sie unten oder hinten in einer Nordwestposition einzurichten.

Weil Garagen gewöhnlich zusätzlich als Werkstätten dienen, ist es ideal für eine Garage auf der Nordwestposition des Hauses zu stehen. Eine Garage, die entweder in der Nordost- oder Südwestposition steht, ist ungünstig, weil Werkstätten in diesen Positionen Unfälle, Hindernisse bei der Arbeit oder sogar Unfrieden in der Familie verursachen können.

In den Vereinigten Staaten haben einige Häuser hinzugefügte Garagen, die vom Hauptwohnsitz getrennt sind. Solche Garagen sollten nicht vorne an der Tigerseite eines Hauses aufgestellt werden. In so einer Position wird das Garagentor zu einem „Tigermaul" und ein Tigermaul, das so hoch oder so lang ist, könnte unvorteilhafte Unfälle auf sich ziehen.

Eine hinzugefügte Garage sollte nicht zu auffällig herausragen. Wenn eine Herausragung bereits existiert, ist es wünschenswert für die Garage, in einem etwas niedrigeren Gebiet auf der Tigerseite in einer Position zu stehen, die nicht die Drachenseite überwältigt. In Amerika hat fast jedes Haus eine Garage, darum spielt die Garage eine sehr wichtige Rolle im Hauswesen-Feng Shui, nicht nur um ein Auto zu parken, sondern auch als Werkstatt.

In Taiwan sind die Häuser der Reichen nicht so oft mit Garagen ausgestattet. Manchmal werden einfache Hütten gebaut, um Autos unterzubringen. Ich würde hier gerne anmerken, dass besondere Aufmerksamkeit auf die Errichtung der Hütte und ihrer Aufstellung entweder auf der Drachen- oder Tigerseite des Hauses gerichtet werden sollte. Falsche Platzierung kann unvermeidbare Katastrophen von großem Ausmaß erzeugen.

Eine Autohütte neben dem Haus ist das Äquivalent zu einem hervortretenden Objekt.

In der Vergangenheit habe ich viele Feng Shui-Messungen für Fabrikeigentümer durchgeführt. Die Aufstellung der Werkstatt des Haushaltes ist gleichbedeutend mit der Aufstellung und richtigen Funktion von Maschinen in einer Fabrik. Richtig installierte Maschinen werden reibungslos laufen und falsch installierte Maschinen können aus keinem ersichtlichen Grund zusammenbrechen. Die Qualität der Maschinen und ihre Arbeitsweise bestimmen die Qualität des Produkts.

Bei einem Anlass wurde ich gebeten, in einer Fabrik eine riesige Maschine zu inspizieren, die ständig zusammenbrach. Die häufige Notwendigkeit die Maschine zu reparieren, bereitete den Arbeitern zahlreiche Kopfschmerzen und selbst die Techniker, die extra aus dem Ausland eingestellt wurden, konnten das Problem nicht lösen. Ich wurde schließlich eingeladen, um mir die Maschine anzusehen. Ich brachte eine Tasche mit Salz, eine Tasche mit Reis und einen Talisman, auf dem die Worte „kontinuierlicher Betrieb" standen, mit mir. Nach der Besichtigung sah ich, dass die Maschine fälschlich direkt über den Zähnen des Tigermaules stand. „Die Maschine wird angehalten durch die Zähne des Tigers und kann sich nicht drehen. Es ist am besten sie an eine andere Stelle zu verlegen."

„Aber dies ist so eine gigantische Maschine und das Gebäude wurde ursprünglich um die Maschine herum entworfen. Sie zu verlegen wäre zu kostspielig. Gibt es keine andere Lösung?“, flehte der Eigentümer mich an.
Schließlich entschloss ich mich zu einer „spirituellen Abhilfemaßnahme“ zu greifen. Ich führte ein Ritual durch und versprengte an einem Ch´u-Datum, das ich aus dem Mondkalender ausgewählt hatte, Salz und Reis auf die Maschine. Dann klebte ich den Talisman mit „kontinuierlichem Betrieb“ an die Maschine.
Merkwürdigerweise fing die Maschine am Tag nach dem Ritual und dem Ankleben des magischen Talismans an reibungslos zu laufen. Einmal angefangen sich zu bewegen, brach sie nicht wieder zusammen. Die gesamte Belegschaft der Fabrik brach in brausende Jubelschreie aus und die ausländischen Techniker schüttelten verwundert ihre Köpfe.
Jemand näherte sich mir und fragte: „Wie haben Sie die Maschine zum Laufen gebracht?“
„Ich habe etwas Salz und Reis auf das Tigermaul gestreut und als der Tiger sein Maul schloss, spuckte er die Maschine aus. So einfach war das!“, lachte ich.
Es ist wichtig sich daran zu erinnern, dass Werkstätten, Garagen und Maschinenräume Räume mit „Bewegung“ sind, die das Feng Shui verändern und ungewöhnliche Phänomene erzeugen können. Ein Geomantiker darf diese drei wichtigen Seiten nicht übersehen, da die Vernachlässigung eines Bereiches zum Versagen in einem größeren Bereich führen kann.

26. Abhilfemaßnahmen für ein Spukhaus

Kürzlich wünschten sich Schüler der Wahren Buddha Schule in Kanada einen Ortsverband unserer Schule im Queens Park, Vancouver, einzurichten. Das Haus, das sie zu kaufen planten, hatte einen

Marktwert von 200.000 US-Dollar. Weil es jedoch Gerüchte gab, dass es in dem Haus spukte, gab es keine Käufer und der Preis sank auf nur 100.000 US-Dollar.

Der vorherige Besitzer, ein Arzt, hatte sich selbst in dem Haus erhängt. Nach seinem Selbstmord wurde das Haus von zwei einheimischen Amerikanern gemietet, die eine kurze Zeit blieben, aber dann schnell wieder wegzogen. Sie behaupteten, dass sie oft erlebten, wie sie nachts aus dem Bett geschubst wurden und mehrfach waren sie aufgewacht und fanden sich selber auf dem vorderen Rasen außerhalb des Hauses wieder. Im Haus passierte täglich ein endloser Strom von ungewöhnlichen Phänomenen: merkwürdige Feuer, Gerüche, Geräusche, Sichtung von Geisterschatten.

Die Schüler in Kanada suchten mich auf, um zu fragen, ob sie das Haus kaufen sollten.

„Ja", antwortete ich. „Kauft das Haus und lasst mich für das Problem Sorge tragen. Ich werde gehen und als Erstes in dem Haus schlafen."

In den meisten der Fälle haben Spukhäuser gestörte magnetische Energiefelder. Was hatte das magnetische Energiefeld in diesem speziellen Haus gestört? Der Mensch, der sich selber erhängt hatte, war weiterhin von einem starken Hass erfasst und es war dieser Hass der das magnetische Energiefeld des Hauses ins Chaos warf.

In anderen Fällen, wo niemand im Haus gestorben ist, kann das Problem auf die Baumaterialien zurückgeführt werden. Balken von einem alten Tempel beispielsweise, die in der Konstruktion des Hauses verwendet wurden und denen spirituelle Energie anhaftet, können verursachen, dass das magnetische Energiefeld in Unordnung gerät.

In noch anderen Fällen können Häuser durch natürliche Ursachen zu Spukhäusern werden. Häuser, die auf Land mit von Natur aus chaotischen magnetischen Feldern stehen, haben ein hohes Potential Spukhäuser zu werden. An solchen Baugrundstücken wird ein Geomantiker feststellen, dass eine Nadel seines geomantischen Kompasses ständig von links nach rechts und von oben nach unten schwanken wird. Leute, die in solchen Häusern leben werden von den spukenden Geistern betroffen sein. Sie werden instabile Temperamente haben, auf unerwartete Katastrophen stoßen, plötzliche

unheilbare Krankheiten entwickeln und der Charakter ihrer Kinder wird sich rasch verschlechtern. Bewohner werden auch von Neurosen und Depressionen heimgesucht werden.
Wenn ein höherer Grad von Unrodung in dem magnetischen Energiefeld existiert, können die Geister ihren Hass und ihre Kümmernisse direkt auf die Besetzer des Hauses richten. Fremde Gegenstände können sich sogar materialisieren, Gegenstände können herumfliegen und merkwürdige Geräusche und Schatten spielen den Leuten einen Streich.
Trotz dieser Hindernisse, ermutigte ich meine Schüler dazu, dieses Spukhaus zu kaufen. Ich wusste, dass ein Verständnis der Ursachen hinter den chaotischen magnetischen Feldern es uns erlauben würde, das Problem besser zu handhaben. Wir mussten nur die „nicht wünschenswerten Faktoren" eliminieren.
Nach dem Kauf des Hauses werde ich folgende zwei Methoden anwenden, um den Zustand zu berichtigen:

1) Nach der Ankunft in dem Spukhaus, werde ich zuerst Gegenstände lokalisieren, in denen der Geist des verstorbenen Arztes Unterkunft bezogen hat. Es könnte der Balken sein, an dem er sich erhängt hat, das Bild einer Person oder eines Tieres im Wohnzimmer, ein Schreibtisch, ein Stuhl oder sogar ein Stein im Garten. Nachdem ich diesen Gegenstand lokalisiert habe, muss ich ihn nur noch aus dem Haus entfernen.
Nach dem Entfernen des Gegenstandes mit dem anhaftenden Geist, werde ich ein Ritual zur Reinigung und zur Errichtung einer „Grenze" um das Haus herum durchführen. Ich werde eine tantrisch-buddhistische „Grenzerrichtungs"-Methode verwenden und die Vier Deva Könige und andere Devas anrufen, das Haus zu bewachen.
Die Entfernung dieses schädlichen Faktors sollte die magnetische Erdenergie des Hauses normalisieren, so dass es darin nicht länger spukt.
2) Während meiner Ankunft im Spukhaus, werde ich den Geist des Arztes aufrufen hervorzukommen und ihm erklären, dass das Haus einen neuen Besitzer hat. Ich werde ihm auch die

Funktionsweise des Karmas erklären, was seinen Hass hoffentlich mildern wird. (Im Allgemeinen jedoch sind Geister, die Selbstmord begangen haben mit so einem starken Hass und mit so viel Missgunst erfüllt, dass sie ihre emotionalen Bindungen nicht leicht loslassen.)

Ich werde ihm sagen, dass dieses Haus in einen Ortsverband der Wahren Buddha Schule umgewandelt und dass eine Gedenktafel für ihn auf der linken Seite des Schreins angebracht wird. Indem wir diesem Geist jeden Morgen und Abend Opfergaben bringen, ist es unser Wunsch, dass seine Wut und sein Hass aufgegeben werden. Es wäre schön, wenn er ebenfalls ein Interesse am Buddhismus entwickeln würde. Welcher Geist würde es nicht vorziehen Opfergaben von Menschen anzunehmen und zu genießen, statt sie mit boshaften Aktivitäten zu erschrecken?

Ich werde wahrscheinlich die zweite Methode zuerst versuchen und wenn das nichts hilft, werde ich auf die erste zurückgreifen. Wenn der Gegenstand, dem der Geist anhaftet zum Beispiel ein stützender Balken ist, wird es recht schwer sein ihn wegzubewegen. Wenn die Wut des Geistes sich nicht besänftigen lässt, bin ich nur in der Lage die „Grimmige Vajra-Gottheit"-Methode anzuwenden, um den Geist hinauszuwerfen. Ich werde dann die „Verdrängungsmethode" folgen lassen, um zu verhindern, dass der Balken wieder in Besitz genommen wird. Schließlich werde ich Rituale durchführen, um das Haus zu reinigen und eine schützende Grenze um es herum einzurichten.

„Lebender Buddha Lian-Sheng, haben Sie keine Angst vor Geistern?", fragte ein Schüler.

„Ein hängender Geist kann erschreckend sein, aber mir macht das nichts aus."

„Warum nicht?"

„Eine Person mit `aufrechtem Chi´ ist furchtlos."

„Wirkt sich Feng Shui auf Spukhäuser aus?"

„Ja. Der Hass eines Geistes und seine Ressentiments stören das magnetische Energiefeld eines Hauses."

Beim Suchen eines Hauses, solltest du dein Bestes tun, etwas über den Vorbesitzer zu erfahren, um zu vermeiden ein Spukhaus zu kaufen. Wenn du bereits ein Spukhaus gekauft hast und nicht in der Lage bist den Zustand zu berichtigen, dann komm und finde mich, den Lebenden Buddha Lian-Sheng!

27. Häuser, die hochrangige Beamte hervorbringen

Die *Geheimnisse der Erdmagie* haben für mich viele Geheimnisse erläutert, die hinter der Besichtung und Messung von Hausbauweisen stehen.
Jemand fragte mich einmal: „Um ein hochrangiger Beamter zu werden, in was für einer Art von Haus muss man da leben?"
Ich antwortete: „Man sollte in einem Haus leben, das von `drei Reihen von goldenen Ästen und Jadeblättern, roten Schlangen, die um ein Siegel herumwirbeln, Drachengebäuden und Phönixpavillonen oder machtvollen gehörnten Gegenständen´ gekennzeichnet wird.
„Diese Begriffe sind zu tiefgründig und mysteriös. Können Sie das in modernen Begriffen erklären?"
Folgendes sind die Erklärungen dieser speziellen Begriffe:

1) Drei Reihen von goldenen Ästen und Jadeblättern – Das Haus, in dem man lebt, sollte von drei Reihen Bäumen umrundet sein – eine rechts, eine links und eine hinter dem Haus. Diese drei Reihen sollten alle das Muster bekannt als „goldene Äste und Jadeblätter" aufweisen. (Beachte: „Drei Reihen" bezieht sich nicht auf ein dreistöckiges Haus.)
Auf bergigem Terrain muss man die Topographie und die Strukturen zur linken, zur rechten und hinter dem Haus beachten, um zu sehen, ob ein „wiegendes Muster" zu den drei Reihen führt.

2) Rote Schlangen wirbeln um ein Siegel – Eine Analogie kann zwischen der Aufstellung eines „Hauptgrundstückes" in einem städtischen Gebiet und dem genauen Festlegen der Mitte eines Fingerabdruckes gezogen werden. Beim Verfolgen der Muster von wirbelnder Erdenergie kann man diesen zentralen Punkt, „den Siegel in einem Wirbel von roten Schlangen" ausmachen. So ein Grundstück jedoch benötigt einen professionellen Geomantiker, um es zu lokalisieren.
Das Haus von Yasuhiro Nakasone, früherer japanischer Premierminister, passt in diese Beschreibung von den „roten Schlangen, die um ein Siegel herumwirbeln."
3) Drachengebäude und Phönixpavillone – Die Begriffe „Drachen" und „Phönix" charakterisieren herausragende und ausgezeichnete Persönlichkeiten. Ein prächtiges Haus, das dem wirbelnden Drachen oder empor schnellenden Phönix gleicht, passt in diese Beschreibung. Wiederum gilt, nur professionelle Geomantiker können solche Bauarten erkennen.
4) Machtvolle gehörnte Gegenstände – In einem schmalen und schäbigen Wohnort kann ein professioneller Geomantiker „machtvolle gehörnte Gegenstände" anbringen, um Ruhm, Erfolg und Prestige für die Leute zu bringen, die darin wohnen. Wenn sie passend angebracht sind, dann können solche Gegenstände jemanden dazu bringen ein hochrangiger Beamter zu werden. Eine falsche Anbringung kann vielfaches Unglück bringen.

Um diese Messungen richtig durchzuführen, müssen Geomantiker zuerst lernen die Landformen und umgebenden Bauwerke gemäß der Fünf Elemente zu klassifizieren. Die folgenden Verse aus Geheimnisse der Erdmagie stellen einige dieser Beziehungen vor:

Der kaiserliche Erlass der Erde besitzt einen Siegel aus Holz
Der kaiserliche Erlass des Feuers besitzt einen Siegel aus Metall
Der kaiserliche Erlass des Metalls besitzt einen Siegel aus Holz
Der kaiserliche Erlass des Wassers kommt aus dem Norden
Der kaiserliche Erlass des Holzes kommt aus dem Süden

Informationen von einem Baugrundstück, das hochrangige Beamte erzeugt, erlauben einem vorherzusagen, welchen Rang so ein Beamter während seines offiziellen Verbleibens an der Macht erreichen wird.
Im Allgemeinen sollten Leute mit militärischen Karrieren in zugespitzten Häusern leben, da eine „scharfe" Bauweise Macht anzeigt. Zur rechten und linken dieser Häuser sollte auch die Präsenz der „Wächter der Tugend" sein, zugespitzte Formationen, die das Haus mit nährender Energie versorgen. Eine beschädigte, hervorstehende Form könnte jedoch „das Haus eines Generals" in ein Haus umwandeln, das Schuldner oder mächtige Schurken produziert.
Obwohl folgendes Zitat sich auf das Feng Shui einer Begräbnisstätte bezieht, kann es auch auf Wohnhäuser angewendet werden:

Ein militärischer Würdenträger taucht auf, wenn die „Wächter der Tugend" glänzen,
Ein „gieriger Wolf" mit einer flachen Oberseite ist dem „Feuerstern" angepasst,
Gewiegt durch Trommel und Flagge, auf einen messerförmigen Schreibtisch blickend,
wird man schnell zum Ergreifen militärischer Macht emporsteigen.

Auch wenn Begräbnisstätten in erster Linie auf Erd-Chi und Wohnbehausungen auf Lebens-Chi gedeihen, begleiten diese beiden Formen des Chis einander und folgenden denselben Prinzipien. Zum Beispiel Wasser, das über Land fließt, folgt dem Lauf, der durch die Topographie des Landes geformt ist und der Dampf über dem Wasser bewegt sich entlang dem gleichen Lauf. Beides, Wasser und Dampf, folgen dem gleichen Pfad.
Die Richtlinien für Häuser, die hochrangige Amtspersonen hervorbringen, sind hochgeheim und diese Lehren werden selten an andere Leute übermittelt. Solch eine Information ist wahrhaft wertvoll. Ohne spezielle Kenntnisse von Feng Shui-Experten, ist es jedoch eine schwierige Aufgabe solche Baugrundstücke auszuwerten.
Unter meinen Schülern gibt es einen, dessen Sohn nach meinen Beobachtungen Gesichtszüge trägt, die mit dem Hervorbringen

einer hochrangigen Amtsperson assoziiert wird. Ich wies meinen Schüler an, einen „machtvollen Gegenstand“ in seinem kleinen Haus anzubringen. Sein Sohn ist gegenwärtig der beste Schüler in seiner Klasse und wird in der Zukunft einen Doktortitel erwerben. Vielleicht wird er durch seine Beteiligung an Politik in eine hochrangige Regierungsposition aufsteigen.

Eine ehrliche Amtsperson mit großem Schreibtalent,
Ein Richter, der das kaiserliche Siegel trägt,
Ein wahrer Gelehrter aus den Behausungen von Drachen und Phönix,
Die Halle des Ruhmes wird seine Lobpreisungen singen.

Meine Kenntnisse und Erfahrungen mit Wohnsitz-Feng Shui können machtvolle Umwandlungen erzeugen. Das Lebens-Chi eines Hauses nutzend, wird ein verarmter junger Mann emporsteigen und sich zu einer hochrangigen politischen Figur wandeln.

28. Häuser, die Wohlstand produzieren

Ich habe einmal eine Feng Shui-Messung für einen Mann durchgeführt, der in einem zerfallenen Haus wohnte, das mit Bausteinen aus gehärteter Erde gebaut worden war. Dieses Haus lag in einem Bambushain. „Die Leute, die in diesem Haus leben, werden ganz sicher sehr reich werden“, teilte ich dem Eigentümer mit.
Skeptisch antwortete er: „Mein Großvater lebte in diesem Haus und starb an Hunger. Mein Vater lebte in diesem Haus und wurde von Armut und Krankheit geplagt. Ich lebe nun hier und habe in meinem Leben noch nicht viel erreicht. Ihre Worte sind schwer zu glauben.“
„Die Zeit ist noch nicht gekommen, aber bald werden Sie ganz sicher reich werden“, antwortete ich.
„Auf welcher Grundlage treffen Sie Ihre Vorhersage?“, fragte er.
„Die Haustür von Ihrem Haus blickt auf den Fluss eines Wasserlaufes, der aus der nordöstlichen Richtung herbei fließt. Dieses passt in das Feng Shui-Muster, das als „Ken-Berg und Ken-Wasser erweisen

Ameisen und Wespen ihre Ehrerbietung" bekannt ist. Sie werden sicher großen Wohlstand ansammeln."

„Gibt es noch etwas anderes?"

„Ihr Haus ist aus irdenen Bausteinen erbaut und steht auf Land des Feuerelements. Wenn Feuer Erde erzeugt, dann zeigt es an, dass Tage des Wohlstandes nahe sind."

„Warum war meine Familie zuvor nicht wohlhabend? Warum müssen wir bis später warten?"

Ich zitierte für ihn folgenden Vers:

Innere Arme drehen sich weg,
äußere Arme blicken zurück.
Entfernte Gipfel kehren ebenfalls zurück um Wache zu halten.
Entfernter Schutz zeigt anfängliche Armut,
gefolgt von späterem Wohlstand.

Kurz nach meiner Feng Shui-Messung interessierte sich eine Baufirma für ein Stück Land auf der Hangseite, die diesem Eigentümer gehörte. Mit dem Bauherrn, der die Finanzen zur Verfügung stellte und dem Eigentümer, der das Land zur Verfügung stellte, wandelte sich das trockene Feld in eine Wohnparzelle mit „Villen im Landhausstil". Überraschenderweise waren alle Häuser in dem Augenblick, in dem sie auf dem Markt angeboten wurden, sofort ausverkauft.

Der Eigentümer des Erdhauses machte bei diesem Geschäft eine riesige Summe von Geld. Mit dem Geld kaufte er sich mehr Land und baute mehr Häuser. Nachfolgende Projekte blühten und der Eigentümer selber wurde schließlich Präsident eines großen Bauunternehmens. Er ist gegenwärtig ein sehr reicher Mann mit großem Immobilienbesitz. Er fährt einen luxuriösen Wagen, raucht die besten Zigarren und kleidet sich in eleganten Anzügen.

Immer noch lässt er sich von seinem Chauffeur jede Nacht, bevor er sich zur Ruhe setzt, heimlich zu seinem zerfallenen Haus im Bambushain zurückfahren, um dort zu schlafen. Mit Ausnahme von kleineren Verbesserungen im Inneren, wagte er es nicht, irgendetwas in

dem Erdhaus zu verändern. Er glaubt fest daran, dass dieses Haus ihm Reichtum und Wohlstand gebracht hat.
Warum ging dem Wohlstand anfängliche Armut voran?
Innere Arme drehen sich weg – Anstatt sein Haus zu wiegen, sind die Landschaftsformen zur rechten und linken Seite des Hauses in einem Winkel, weggedreht, was anfängliche Armut anzeigt.
Äußere Arme blicken zurück – Wenn man aus der Haustür herausschaut, blicken bergige Landschaftsformen in der Entfernung zur linken und rechten Seite jedoch zurück, um nach dem Haus zu sehen, was künftigen Wohlstand anzeigt.
Entfernte Gipfel, die wiederkehren um zu wachen – Die Berggipfel in weiter Entfernung sind umgedreht, um auf das Haus aufzupassen und es zu schützen.
Diese Feng Shui-Anordnung erlaubte es mir, verwegen diese Vorhersagen zu treffen.
Beim Formulieren meiner Analyse zog ich auch die Fünf Elemente in Erwägung. Ich bestimmte erst das Beschützerelement des Eigentümers, da jedes Individuum unter dem Schutz eines der fünf Elemente Metall, Holz, Wasser, Feuer oder Erde geboren wird. Das Land, auf dem das Haus steht, wird dann auch klassifiziert als Metall, Holz, Wasser, Feuer oder Erde. Mit den Kenntnissen über nährende und zerstörende Zyklen der Fünf Elemente kann man die zusammengesetzten Auswirkungen der Elemente bewerten und erkennen, ob sie oder ob sie nicht Wohlstand anzeigen.
Außerdem lokalisierte ich die „Geldvorratsstelle“, sobald ich das Haus betrat. Ich wendete spezielle Methoden an, um die Fähigkeit der Geldvorratsstelle, Chi und Reichtum anzusammeln, zu steigern. Hier ist ein Vers darüber, „wie man reich wird“.

Wohlhabendes Chi tritt in das Wohnzimmer ein,
füllt die Schatzkammern,
gedenke die Immergrünen grün zu erhalten
und der Haushalt wird gewiss blühen und erblühen.

Ein gutes Schema für Wohnhäuser ist es, mit dem Rücken nach Nordosten gerichtet gebaut zu sein (Ken-Richtung). Vom Haus aus sollte man Wasser aus dem Nordwesten (Shen-Richtung) kommen sehen. Wenn man unter solchen Umständen lebt, wird man so schnell reich, dass die Schatzkammern schnell mit Gold und Silber angefüllt werden. Dort wird großer Reichtum an die Tür klopfen, so dass man nicht in der Lage sein wird ihn abzuweisen, selbst wenn man es wollte.

Die Formeln für die Aufstellung von Häusern, die großen Reichtum produzieren, können nicht mit Geld gekauft werden. Die bloße Fähigkeit zu bestimmen, ob ein Haus Glück verheißt ist nicht genug. Geomantiker, die die Eigentümer nicht zu großem Wohlstand und Glück verhelfen können, sind keine echten Fachleute.

Ich weiß aus vielen Jahren des Studiums und der Übung in der Kunst der Geomantik, dass Feng Shui ein sehr tiefgründiges Fach ist. Es ist bedauerlich, dass viele sehr leicht von eloquenten Feng Shui-Praktizierenden ohne viel Effizienz eingenommen werden. Solche Praktizierenden haben tatsächlich die Kunst der Geomantik in Verruf gebracht.

Die geheimen Formeln für Häuser, die großen Wohlstand produzieren, sind in der Tat unbezahlbar!

29. Die Furcht im Alter von 28 Jahren zu sterben

In einer Feng Shui-Messung begegnete mir einmal ein einzigartiger und sehr merkwürdiger Fall.

Die Familie, die ich meine, lebte in einem alten Anwesen mit Häusern, die einen zentralen Innenhof umrundeten. Zwei Zweigen dieses Familienklans sind recht unerklärliche Tragödien widerfahren: alle männlichen Angehörigen starben im Alter von 28 Jahren.

Der Vater starb an einer Krankheit im Alter von 28 Jahren. Ein Onkel, der sich in Übersee aufhielt, wurde in dem Jahr, in dem er 28 wurde vermisst. Der älteste Sohn stürzte im Alter von 28 Jahren, während er einen Berg bestieg, zu Tode. Der zweite Sohn starb im Alter von 28 Jahren an Krebs.

Nun näherte sich der dritte Sohn rasch den 28 Jahren. Seine Furcht, einen frühen Tod zu erleiden, führte ihn zu vielen Tempel, um zu beten und um Rat zu ersuchen. Die Antworten, die er erhielt waren jedoch alle sehr unterschiedlich und machten ihn sehr ängstlich.

Die Familie war sehr groß und viele Mitglieder luden mich ein, um die Grabstätten der Vorfahren und auch ihre Wohnquartiere zu inspizieren, in der Hoffnung die Ursache für den Fluch, der in einen Tod im Alter von 28 Jahren resultierte, herauszufinden.

Meine Untersuchung deckte nichts Falsches mit den Grabstätten ihrer Vorfahren auf, es gab jedoch mehrere Mängel in der Bauweise ihrer Wohnquartiere. Ich zeigte verschiedene Fehler auf und schlug vor, dass sie rasch diese Mängel beseitigten.

Das Familienanwesen war inmitten einer Baumgruppe auf dem Lande gebaut. Viele Teiche umrundeten das Gelände – einige mit Wasser, einige trocken und einige fast trocken. Bei näherer Untersuchung der Teiche fand ich viele Probleme. Wasser von einem Teich trat in den Innenhof des Anwesens ein, während Wasser von einem anderen Teich auf zwei der seitlichen Häuser wies. Ein Teich hatte sogar Wasser, das auf die Haupttür wies.

Erst sagte ich der Familie, dass sie die trockenen Teiche auffüllen sollten. Ich forderte sie dann auf die Teiche, die noch Wasser hatten, in Halbmondformen, die mit der inneren Kurve auf das Anwesen gerichtet waren, umzuwandeln (so dass das Anwesen „innerhalb des Bogens“ liegen würde).

Die vorderen Quartiere von dem viereckigen Anwesen waren sehr hoch, aber die neueren Quartiere im hinteren Teil des Anwesens, die nach den ersten gebaut worden waren, waren im Vergleich dazu zu niedrig. Solche Fälle, an denen die Front des Hauses höher ist als der hintere Teil, zeigen den Verlust von Angehörigen, insbesondere jungen Familienangehörigen, an.

Ich forderte die Familie auf, die hinteren Quartiere des Anwesens umzugestalten und sie auf dieselbe Höhe wie die vorderen Quartiere zu bringen. Ich sagte ihnen, es wäre sehr wichtig, dass Häuser hinten die gleiche Höhe wie Häuser vorne hätten.

Sie folgten meinen Empfehlungen und nahmen die Veränderungen vor.
Dann fragten sie: „Warum sind alle Männer im Alter von 28 Jahren verstorben."
Aus dem Stegreif war es recht schwierig für mich zu erklären. Ich antwortete: „Es muss eine Verbindung mit diesem Anwesen und der Zahl 28 bestehen. Zum Beispiel könnten es insgesamt 28 Pfeiler oder insgesamt 28 Bäume sein, wenn man sie zusammenzählt, die das Anwesen umrunden. Oder es könnten 28 Kochherde, 28 Balken oder 28 Türen..."
„28 Kochherde? Wir können unmöglich so viele Herde haben!", riefen sie aus.
„Ich glaube das auch nicht", sagte ich mit einem Lächeln. „Das war nur ein Beispiel."
Später sagten sie mir, dass sie tatsächlich insgesamt 28 stützende Pfeiler um das Anwesen herum gezählt und gefunden hätten. Sie waren beeindruckt von der Vorhersage.
Sie fragten: „Bedeutet das, dass wir mehr Pfeiler hinzufügen sollten?"
„Nein", antwortete ich. „Glauben Sie, dass das Vergrößern der Anzahl von Pfeilern auf Hundert jedem erlauben wird hundert Jahre alt zu werden? Die Anzahl der Pfeiler war nur ein Faktor, der das Todesalter bestimmt hat. Die Hauptursachen lagen in den Teichen und in der Tatsache, dass die Vorderseite des Wohnkomplexes höher war als die hintere Seite."
Ich erklärte: „Zu wenig Teichwasser zeigt die Unfähigkeit an ein hohes Alter zu erreichen. Die Ecken der Teiche, die direkt auf die Haupttür und die Seitenhäuser wiesen, passten in das Feng Shui-Muster, das als „das Herz durchbohren und in die Wangen schießen" bekannt ist. Es bedeutete das unheilvolle Phänomen der männlichen Angehörigen, jung zu sterben.
„Die Höhen der vorderen und hinteren Häuser repräsentierten die verschiedenen Generationen in der Familie. Die vorderen Häuser repräsentierten die früheren Generationen und die hinteren Häuser die späteren Generationen. Zu niedrige Höhe der hinteren Häuser zeigte einen Verlust von jungen Mitgliedern der Familie an. Es ist

richtig für den hinteren Teil des Hauses auf der gleichen Höhe oder höher als der vordere Teil eines Hauses zu sein. Ein niedrigeres, hinteres Haus bedeutet großes Unheil."

Zehn Jahre später, nachdem ich dieses viereckige Anwesen besichtigt hatte, sagte mir die Familie, dass die Menschen, die in diesem Anwesen lebten, größeren Frieden genossen, nachdem sie die Umänderungen vorgenommen hatten. Mehrere männliche Familienmitglieder hatten die 28 Jahre überlebt ohne auf ernsthafte Katastrophen zu treffen. Ihre Furcht mit 28 Jahren zu sterben war nun beseitigt.

Ich, Lebender Buddha Lian-Sheng, bin besonders gut bei der Identifizierung von Häusern, die „noch nicht fällige Todesfälle in der Familie" verursachen können. Ich kann auch Häuser identifizieren, die „keine Kinder tragen".

In Die Geheimnisse der Erdmagie gibt es folgenden Vers:

Ohne herausragende Vorsprünge, werden Mitglieder rar,
ohne Erd-Chi, wird kein Kind geboren;
bei hohem Druck, werden alle Kinder sterben,
mit Angriffen von Wasser, kann kein Kind überleben.

Ein Haus, das vollständig ohne Vorsprünge ist, ist ungünstig, weil es einen einsamen Haushalt mit wenigen Mitgliedern bedeutet. Wenn die Topographie des Landes so flach ist, dass dort wenig Präsenz von Erd-Chi vorhanden ist, wird der Haushalt keine Kinder haben. Große zu dominierende Mächte, die das Haus von allen Seiten unterdrükken, können Fehlgeburten und das Abbrechen der Blutlinie verursachen. In Fällen, wo das Wasser direkt auf das Haus von allen vier Seiten weist, wird nicht einmal ein einziges Kind verbleiben!

Ein Haus, das vor oder hinter einem Tempel liegt, könnte ebenfalls die oben erwähnten Phänomene aufweisen, weil Erd-Chi bereits vom Tempel hochgezogen wurde.

Das Vorhandensein oder Nichtvorhandensein von Erd-Chi hat einen großen Einfluss auf das Feng Shui eines Hauses. In Wahrheit kann nur ein Geomantiker mit der Fähigkeit das Erd-Chi zu messen als wahrer Experte betrachtet werden. Das Erd-Chi eines Hauses wirkt sich nicht nur auf die Anzahl der Menschen in einer Familie aus, sondern beeinflusst auch deren Gesundheit. Als abschließendes Wort der Vorsicht gilt: Lebe nicht auf einem Grundstück ohne Erd-Chi.

30. Pfirsichblütenglück bei verheirateten Paaren

Wie ich in einem vorangegangenen Kapitel erwähnt habe, ist die Platzierung von Spülbecken (Wasser) in der Küche direkt gegenüber vom Herd (Feuer) ein Feng Shui-Merkmal, das zum „Pfirsichblütenglück" einlädt.

Wenn vor der Eingangsttür zwei verschiedene Arten von Bäumen stehen, einer rechts und einer links, lädt dies ebenfalls zum „Pfirsichblütenglück" ein.

Ein sehr steiler Anstieg direkt hinter dem Haus und ein Teich vor dem Haus, der wie die Augenbraue einer Frau geformt ist, bedeutet, dass die Männer des Hauses „Pfirsichblütenglück" erleben werden. Solche Feng Shui-Muster zeigen, dass von Generation zu Generation, Väter und Söhne zwei Frauen heiraten werden.

Merkmale, die zum „Pfirsichblütenglück" für Männer auffordern, schließen folgende mit ein:

- Kletterpflanzen, die sich um einen Baum vor dem Haus winden – Dies zeigt eine „schwer zu erschütternde" Verwicklung an.
- Wasser von einem Metallelement-Berg, das sich direkt gegenüber der Eingangstür befindet – Dies zeigt an, dass die Männer des Hauses charmant sind, dass sie „Frauentypen" sind.
- Ein Berg vor dem Haus, der einem Tisch ähnelt, der zur Seite kippt als ob er tanzt – Dies zeigt an, dass der Mann gerne herumlungert.

Merkmale, die zum „Pfirsichblütenglück" für Frauen auffordern, schließen folgende mit ein:

- Ein Baum vor dem Haus, der sowohl oben als auch unten geschwollen ist – Dies zeigt einen Hang für Promiskuität an.
- Ein Wasserlauf vor dem Haus, der seine Fließrichtung umkehrt – Dies zeigt Ehebruch an.
- Zwei Wasserläufe vor dem Haus, die rasch wegfließen – Dies weist auf das Durchbrennen mit einem anderen Mann hin.
- Balken am Haus mit Blumenschnitzereien – Dies zeigt an, dass die Frau von Männern besessen sein wird.
- Eine sich gabelnde Straße auf der weißen Tigerseite des Hauses, wobei die Tigerseite des Hauses direkt gegenüber der Verzweigung der Gabelzacken liegt – Dies zeigt an, dass die Frau viele Männer haben wird.
- Eine kleinere Bequemlichkeitstür neben der Haupttür – Dies zeigt das Verlangen der beiden Parteien an.

Ich habe einmal eine Feng Shui-Messung für eine Familie durchgeführt, deren männliche Mitglieder, von der Generation des Großvaters bis zur Generation des Großenkels, alle zwei Frauen hatten. Es erwies sich, dass der Anstieg hinter dem Familienhaus sehr steil war und dass sich vor dem Haus ein Teich in Form einer Augenbraue befand. Zusätzlich wuchsen zwei verschiede Baumarten vor der Eingangstür.
In meinen Feng Shui-Messungen, sind mir auch Fälle begegnet bei denen sich gabelförmige Straßen genau neben der Tigerseite der Häuser befanden. Man muss verstehen, dass sich gabelnde Straßen wie Schönheiten sind, die sich entblößen und sich selbst anbieten. Eine sich gabelnde Straße neben der Tigerseite kann einen mächtigen Einfluss auf die Frau im Hause haben. Eine unschuldige und reine Frau könnte locker und liederlich werden.
Solche Entwicklungen sind nicht wünschenswert, da sie für das normale Familienleben zerstörerisch sind. Pfirsichblütenglück, ob dem Mann oder der Frau zugefügt, ist katastrophal und lädt zur Instabilität ein. Nur bestimmte Personen können irgendwie vom „Pfirsichblütenglück" profitieren – Schauspieler und Schauspielerinnen. Ein charmanter Schauspieler oder eine wunderschöne Schauspielerin mit Pfirsichblütenglück wird viele Verehrer

anziehen und von einer größeren Anzahl von Leuten bewundert und geliebt werden. Bei solchen Leuten gilt, dass je größer das Pfirsichblütenglück ist, desto größer sind ihr Sexappeal und ihre Popularität.

Häuser der Reichen haben oft Eingangstüren, die so groß sind, dass sie schwer zu öffnen sind. Aus Gründen der Bequemlichkeit werden manchmal kleinere Seiteneingänge neben der Eingangstür hinzugefügt. Aber dies gibt dem Haus zwei Öffnungen: Es bietet einem selber „Bequemlichkeit", aber auch anderen. „Beides zu wollen, die große Tür und die kleine Tür" ist ein Anzeichen für verhängnisvolles Pfirsichblütenglück. Es ist annehmbar eine kleinere Tür zusätzlich zu einer Haupttür zu haben, solange die kleinere Tür in ausreichendem Abstand zur letzteren steht. Vermeide es große und kleine Türen direkt nebeneinander stehen zu haben. Geomantiker wissen, dass „unerwünschte Wasserläufe, die einen blühenden Fleck ruinieren" Gewässer sind, die mit dem Pfirsichblütenglück assoziiert werden. Männer und Frauen, die unter dem Bann von Pfirsichblütenglück stehen, sind verloren, gefangen in ihrem Begehren, unfähig ihre fantasiereichen und wankelmütigen Herzen zu kontrollieren. Die Gegenwart von murmelnden Wasser oder Wasser, das auf das Haus mit einer plötzlichen Umkehrung zufließt und Wegfließen von Wasser vor der Eingangstür sind unerwünschte Feng Shui- Merkmale, die mit ehebrecherischem Durchbrennen assoziiert werden.

Die Kombination von Wasser vor dem Haus und das Vorhandensein von mehreren abgesonderten Bäumen hinter dem Haus, ist ein Zeichen dafür, dass die Hausherrin in zügellose und inzestuöse Beziehungen verwickelt werden könnte.

Um einen Feng Shui-Vers zu zitieren:

Wasser, das seinen Lauf umkehrt, führt zu Zügellosigkeit.
Eine sich gabelnde Straße erscheint wie eine nackte Zurschaustellung.
Selbst ein keusches Mädchen aus guter Familie
wird mit zwei Geliebten im Bett enden.

Jemand, der in eine Ehe mit Pfirsichblütenglück verwickelt ist, ist wie ein Felsbrocken, der in die ruhige See des Familienlebens hineingeschleudert wird. Er schlägt Wellen. Wenn man keine angemessenen Veränderungen vornimmt, wird das Ergebnis Scheidung und Auseinanderfallen der Familie sein. Diejenigen, die Untreue tolerieren können, werden mit der Koexistenz von Ehefrau und Geliebter konfrontiert werden. Für diejenigen, die einen solchen Zustand nicht tolerieren können, gibt es Scheidungsgerichte.
Die Geheimnisse der Erdmagie raten, dass Feng Shui-Merkmale, die mit der Aufforderung zum Pfirsichblütenglück assoziiert werden, beseitigt oder vermieden werden. Wenn das Pfirsichblütenglück einmal erregt ist, ist es nicht leicht zu handhaben oder unter Kontrolle zu halten.
Ich, Lebender Buddha Lian-Sheng, habe in meinem Leben tausenden von Männern und Frauen geholfen Probleme von verschiedenem Ausmaß zu lösen, die durch sexuelle Unbesonnenheit verursacht wurden. Feng Shui-Behandlungen, um die unerwünschten Merkmale ihrer Häuser zu berichtigen, und tantrische Methoden der Reinigung und Unterwerfung wurden angewendet. Einige der Geschichten, denen ich begegnet bin, sind so faszinierend, dass ich tausende und abertausende von Romanen schreiben könnte, die darauf basieren.
Zusammengefasst ist Pfirsichblütenglück, ob es nun über den Mann oder die Frau hereinbricht, nicht wünschenswert. Es kann eine plötzliche Wendung von unvorhergesehenen Begebenheiten und Aufruhr in das Familienleben mit sich bringen. Wenn es nicht angemessen gehandhabt wird, könnten große Verbitterung oder sogar Selbstmord daraus resultieren.

31. Feng Shui, das mit Zwillingen assoziiert wird

Zwei meiner Schüler, ein Mann und seine Ehefrau, die aus Vancouver, Kanada, kamen, suchten mich eines Tages auf. Chao Shao-tung und seine Frau, beide jung und intelligent, sind gegenwärtig die Chefredakteure der monatlich erscheinenden Zeitschrift True Buddha Boddhi.

Der junge Mann Chao Shao-tung hat zarte Gesichtszüge und seine Frau ist liebenswürdig und sanftmütig. Das Paar ist eines der seltenen Paare, in denen beide Partner den Buddhismus praktizieren. Beide sind talentierte Linguisten, die fließend Englisch, Mandarin und Kantonesisch sprechen.

Sie sagten mir: „Großmeister, wir haben ein Anliegen."

„Was für eines?"

„Wir hätten gerne Zwillinge", antworteten sie vor mir kniend.

„Zwillinge? Warum?", fragte ich überrascht.

„Das Studium und die Ausübung vom Buddhismus sind sehr wichtig für uns und das Leben ist so kurz. Wir hätten gerne zwei Kinder, aber mit zwei getrennten Geburten, wird es eine lange Zeit dauern, um die Kinder aufzuziehen. Wenn wir Zwillinge haben könnten, wird uns das eine Menge Zeit ersparen und wir können mehr Zeit unseren Übungen widmen. Dies ist unser Wunsch und wir hoffen, dass der Großmeister uns helfen kann."

Als ich das hörte, konnte ich nicht umhin zu lächeln. Ich antwortete: „Ich kann Euch einen Segen geben und auch stellvertretend für Euch zu den Buddhas beten. Mögt Ihr Zwillinge gewährt bekommen."

Chao Shao-tung und seine Frau sind ein sehr ernsthaftes und hingebungsvolles Paar mit einem hochmoralischen Charakter und seltenen Talenten. Sie werden die künftigen Säulen der Wahren Buddha Schule sein!

Dieses Gesuch für Zwillinge, brachte einen interessanten Feng Shui-Fall in mein Gedächtnis zurück, auf den ich einst in einem kleinen Dorf in Kaohsiung gestoßen bin. Dort hatten acht von zehn Familien Zwillinge!

Zu jener Zeit waren die Dorfversammlung, die Gelehrten in der Gemeinschaft und die Dorfbewohner selber darüber verwirrt. Warum bekamen so viele Familien Zwillinge?
Ich stattete dem Dorf einen Besuch ab und entdeckte, dass die mysteriösen Zwillingsgeburten etwas mit dem örtlichen Feng Shui zu tun hatten. Von der Hauptstraße am Dorfeingang aus sah ich zwei Metallelementberge, die wie zwei Brüste oder zwei Bäuche dicht beieinander lagen, einer vorne und der andere dahinter. Messungen von meinem geomantischen Kompass offenbarten einen Wasserlauf, der aus der „Kuei"-Richtung zu den Zwillingsbergen hin verlief. Diese Feng Shui-Anordnung, nämlich Zwillingsberge, die wie Brüste verbunden sind und Wasser aus der „Kuei"-Richtung empfangen, sind ein bekanntes Muster, das mit dem Auftreten von Zwillingen assoziiert wird.
Ein anderes Feng Shui-Merkmal, das mit Zwillingen assoziiert wird, ist eine Tür von einem Hauptzimmer, die direkt gegenüber von einem Feuerelementberg liegt und Wasser, das aus doppelten Kanälen um das Haus herum eintritt.
Das Buch Die Geheimnisse der Erdmagie enthält folgenden Vers:

Warum gibt es dort das Überhandnehmen von Zwillingsgeburten?
Zwillings-Chi steht dem Hauptwohnzimmer gegenüber.
Eine Untersuchung des Erd-Chis um die Berge und das Wasser herum erlaubt es eine begründete Aussage mit Bestimmtheit zu treffen.

Warum haben Familien mit Zwillingen dann auch Einzelgeburten?
Dies ist das Ergebnis von dem „zunehmenden und schwindenden Chi". Man kann in einem Ort mit Feng Shui-Merkmalen für Zwillingsgeburten leben, aber die Energie der Erde nimmt zu und ab. Empfängnis während der Zeit, wenn das „Zwillingsgeburt-Erd-Chi" sich in einer abnehmenden Phase befindet, hat die Geburt eines einzelnen Kindes zur Folge.
Die Orientierung der Eingangstür spielt auch eine bedeutende Rolle. Ob die Eingangstür auf die Zwillingsberge oder auf den Feuerelementberg in direkter oder in indirekter Weise blickt, macht einen Unterschied. Solche Merkmale erklären Zwillings- und Einzelgebur-

ten und diese Faktoren erklären auch die Einzelgeburten in dem Dorf in Kaohsiung, wo Zwillingsgeburten dominieren.
Im Allgemeinen sind die Feng Shui-Merkmale von Grundstücken, die große Familien erzeugen, folgende:
Von vorne sieht man einen Metallelement-Landschaftsraum. Dieser Landschaftsraum ist geschichtet und enthält positive, nährende Elemente wie lebhaftes Erd-Chi. Landschaftsräume schützen und wiegen die Grundstücke auf den Drachen- und Tigerseiten und der vordere Teil des Grundstückes ist weit und geräumig ohne destruktive Merkmale zur linken oder zur rechten Seite.
Feng Shui-Merkmale, die mit wenigen Familienmitgliedern assoziiert werden, sind:
Land mit flacher Topographie, dem es an Erd-Chi mangelt; ein Wasserlauf (nass oder trocken) der auf die Front des Hauses zuläuft; Häuser, die vor oder hinter einem Tempel stehen.
Zusätzlich beschreibt folgender Feng Shui-Vers Merkmale, die mit Unfruchtbarkeit assoziiert werden (die Trigramme im Vers beziehen sich auf jene im Späteren Himmelskreis):

Hohe Formation in der Sonne,
einzelner Gipfel bei Li und Tui,
blühende Blumen und das Vorhandensein von Teichen in Kun,
können alle zu Unfruchtbarkeit führen.

Feng Shui ist ein äußerst faszinierendes Fach. Je mehr man es studiert, desto faszinierender findet man es.

32. Das Haus der endlosen Krankheiten

Ich habe viele Schwierigkeiten bei den Häusern in den Vereinigten Staaten gefunden. Vielleicht bauen die Amerikaner Häuser in Forsten und Wäldern, weil sie einem Naturinstinkt folgen in der

Natur leben zu wollen. Selbst wenn sie nicht in Wäldern leben, leben viele in Häusern, die von großen Bäumen umgeben sind. Oft befinden sich diese Bäume direkt draußen vor der Eingangstür und hinter dem Haus, das Haus einkreisend und verhüllend.
Als ich das erste Mal in den Vereinigten Staaten ankam, luden mich viele meiner amerikanischen Schüler ein, um ihr Haus zu inspizieren, wenn sie erfahren hatten, dass ich Feng Shui-Messungen durchführe. Das führte dazu, dass ich recht viele amerikanische Häuser studiert habe. Obwohl durchschnittliche Amerikaner groß und stark erscheinen mögen, so sind sie doch nicht gesünder als andere Rassen.
Moore, ein amerikanischer Schüler, erzählte mir: „In den letzten drei Jahren ist jedes Mitglied meiner Familie reihum einmal krank geworden. Sobald es einem besser geht, wird ein anderer krank. Es hat keine Pause dazwischen gegeben. Wir haben Unmengen an Geld für medizinische Rechnungen ausgegeben, die physischen und mentalen Leiden waren sogar noch schlimmer."
Er nannte sein Haus „das Haus der endlosen Krankheiten".
Das Erste, was ich bemerkte, als ich sein Haus besuchte, waren drei große Bäume, mit Zweigen, die das Haus überragten. Das Haus war nicht groß und die Bäume waren riesig im Vergleich dazu. Üppige, großflächige Blätter bedeckten das Haus vollständig. Der Stamm von dem Baum war riesig und die Wurzeln streckten sich neben dem Haus aus.
In solchen Häusern wird den Bewohnern ihr Yang-Chi von dem Yin-Chi der großen Bäume weggesaugt. Mit einem Übermaß an Yin-chi, dass das Yang-chi überwältigt, wie kann man es da wohl vermeiden krank zu werden?
Ich riet Moore umzuziehen, da in einem Haus unter so einem großen Baum zu leben definitiv der Gesundheit seiner Familie abträglich wäre. Da es sehr schwierig sein würde, den großen Baum umzusetzen, wäre es das Beste, wenn er umziehen würde. Nach einiger Überzeugungsarbeit willigte Moore schließlich ein.
Geomantiker haben die verschiedenen schädlichen Situationen, die zu einem Ausbruch von zahlreichen Krankheiten und Leiden führen

können, aufgezeigt. Bewohner, die in folgenden Häusern leben, sind verletzbar:
Ein Haus mit Wasserläufen, die aus den vier Richtungen tzu, wu, yu und mao (d. h. Nord, Süd, West und Ost) auf dieses gerichtet sind.
Ein Haus mit einer Straße, die auf dieses Haus aus den vier Richtungen tzu, wu, yu und mao gerichtet ist.
Ein Haus bedeckt von einem riesigen Baum, mit Wurzeln, die sich neben dem Haus erstrecken.
Wasser aus der Ken(Nordost)-Richtung, das auf die Eingangstür weist.
Große Felsbrocken oder künstliche Steinblöcke, die vor der Eingangstür als landschaftliche Gestaltung aufgetürmt sind.
Ein Haus, das entweder zu hell oder zu dunkel ist.
Ein Badezimmer (Toilette) verbunden mit der Küche, ein Haufen Dung in der Nähe einer Mauer oder ein Badezimmer, dass der Eingangstür gegenüberliegt.
Die falsche Platzierung schwerer Gegenstände.
Zu enger Abstand zwischen der Eingangstür und dem Hinterhof, und ein steiler, sich erhebender Hügel hinter dem Haus.
Ich habe einmal eine Feng Shui-Messung durchgeführt für jemanden namens Fable. Sobald ich durch seine Eingangstür gegangen war, konnte ich die Wand seines Hinterhofes berühren. Das Haus war von rechts nach links weit ausgedehnt und der Hinterhof war steinig und steil. Ich sagte ihm: „Du hast einige gesundheitliche Probleme."
„Nein", antwortete er. „Ich bin immer ziemlich gesund gewesen."
Es war wahr, dass Fable groß und muskulös mit rosigen Wangen war. Die Leute um uns herum waren erstaunt mich diese Aussage machen zu hören.
Ich sagte: „Es ist eine kleinere Krankheit, aber der Schmerz, den sie verursacht, ist unerträglich."
„Welche Krankheit meinen Sie?"
„Hämorrhoiden."
Fables Gesicht wurde dunkelrot und er sagte: „Großmeister, Sie haben recht. Ich leide tatsächlich seit vielen Jahren an Hämorrhoiden und der Schmerz ist zu manchen Zeiten ziemlich unerträglich. Aber wie wussten Sie das?"

„Wenn die Entfernung zwischen der Eingangstür und dem hinteren Bereich des Hauses zu schmal und das Land hinter dem Haus zu steil und mit harten Steinen angehäuft ist, wird man Hämorrhoiden haben.“

„Wie ist das mit Wohnungen ohne Hügel oder steinigen Anstiegen. Wie macht man Messungen für diese?“

„Ein Haus mit Wohnungen hat möglicherweise keine Hügel oder steinige Anstiege, aber Merkmale für „drückend und eng“ können immer noch bestehen. Gemäß den Theorien von Feng Shui haben drückende Bedingungen den gleichen Einfluss wie steile Bedingungen und enge Merkmale sind gleichbedeutend mit „harten“ Merkmalen“, erklärte ich.

Die Geheimnisse der Erdmagie sagen aus:

In der Gegenwart von-

- den Luoho- und Jido-Sternen, leidet die Brust;
- Schwalbennestern auf einem Balken, wachsen widerspenstige Hautentzündungen;
- Dunggruben gegenüber der Eingangstür, ist der Bauch aufgebläht;
- der Höhle des nahenden Drachens, entwickelt sich die Geisteskrankheit;
- chaotischer Gesteine in der Nähe der Öffnung eines Brunnens, sind Gliedmaßen gebrochen;
- abgenutzten Türen und Pfeilern, wachsen viele Schmerzen.

33. Die Entstehung eines Spukhauses

Folgendes ist ein Vers aus Geheimnisse der Erdmagie:

Eine Eingangstür auf der Nordwestposition erlaubt es Geistern einzutreten;
weil keines der drei Yangs auf diese Stelle scheint,
treten durch Portale von extremen Yin,
Geister ein und nähern sich.
Geräusche in Wänden und alle Arten von Störungen machend,

verursachen sie Unheil an dunklen Orten,
versteckt unter den Bananenblättern.

Die Ken (Nordost)-Position auf einem geomantischen Kompass wird mit dem Vorhandensein von Geistern assoziiert. Eine Eingangstür, die auf einer Nordostposition angebracht ist, ist im Feng Shui als „Geistertür“ bekannt. Sie ist eine Stelle von „extremen Yin“, „nicht beschienen von den drei Arten von Yang“. Die meisten Geister werden Häuser mit Geistertüren betreten und verstecken sich selbst an dämmrigen und dunklen Orten, dunklen Schlafzimmern oder Orten mit Topfpflanzen.

Auch wenn man sein Bett im Schlaf richtig positioniert hat, können unbeständiger Schlaf und Träume von Dämonen und Monstern immer noch quälen. Die Gegenwart von Geistern, die sich nähern um jemandes Chi zu stehlen, können einen im Zustand der völligen Erschöpfung lassen.

Wenn eine Tür eine Nordosttür ist und man schwanger wird, ist es möglich, dass man eine ungewöhnliche Schwangerschaft erlebt oder ein merkwürdig aussehendes Baby gebären wird. Es wird sonderbare Anzeichen in der Schwangerschaft geben und das Baby könnte stumm oder taub sein. In einigen Fällen glaubt man schwanger zu sein, aber stattdessen findet man einen Tumor oder eine Zyste im Bauch.

In der Vergangenheit habe ich einmal das Feng Shui eines Hauses inspiziert, das ein Spukhaus war.

Der Eigentümer fragte mich: „Warum ist mein Haus ein Spukhaus?“

Ich antwortete: „Die Eingangstür befindet sich auf der nordöstlichen Geistertürposition.“

„Aber alles war am Anfang in Ordnung, als wir zuerst eingezogen sind“, erwiderte der Eigentümer heftig.

„Es muss einen Todesfall in der Familie gegeben haben, der dann dazu führte, dass Geister hereinkamen.“

„Wann ist das geschehen?“

„Vor zwei Jahren.“

An dieser Stelle nickte der Eigentümer und stimmte mir zu. Zwei Jahre zuvor war seine Mutter gestorben und die Sterbegedenkfei-

ern wurden drei Monate lang in dem Haus durchgeführt. Seitdem wurden die Familienmitglieder von endlosen Albträumen heimgesucht und oft passierten merkwürdige Dinge in dem Haus. Seine Frau hatte eine Operation zur Entfernung eines gutartigen Tumors aus der Gebärmutter und war seitdem krank. Es gab viel Unfrieden im Haushalt.
Ich wies den Eigentümer an, die nordöstliche Geistertür zu versetzen. Die Lage hätte schlimmer sein können, wenn zusätzlich zu der nordöstlichen Tür das Haus eine große Villa ohne viel Sonnenlicht, das darauf schien, gewesen wäre. Es hätte sogar zu einem Geistermarkt mit Geistern werden können, die sich näherten, um Geschäfte zu erledigen. Dann wäre es wahrhaftig ein Wunder gewesen, wenn Menschen friedlich in solchen Häusern leben könnten.
Zusätzlich zu einer nordöstlichen Geistertür, sollte man auf folgende Faktoren achten, die ein Haus in ein Haus für Geister und Dämonen umwandeln könnten:
Irgendeine Beschädigung in den Wänden des Hauses sollte sofort repariert werden.
Flure sollten mit den Wohnflächen verbunden werden. Lasse keinen Raum zwischen den beiden.
Ein offener Raum darf nicht die Form eines Sarges annehmen.
Achte auf kleine Schuppen hinter dem Haus, um sicherzugehen, dass sie nicht aussehen wie Särge.
Vermeide es Hauspflanzen auf Stellen mit hohem Yin-Chi zu platzieren.

Vernachlässigung der oben genannten Flächen können Geister dazu auffordern sich zu versammeln. Warum sollte man schnell die Schäden der Wände eines Hauses reparieren? Geister mögen Häuser mit zerstörten Wänden, weil Särge oft an ähnlichen Stellen gelagert werden. Geister halten offene, sargförmige Flächen und Räume zwischen Fluren und Wohnflächen irrtümlich für Särge. Der gleiche Grund gilt für kleine Schuppen, die hinter dem Haupthaus gebaut sind. Solche Schuppen werden für die Geister den Anschein von Särgen bieten. Topfpflanzen an Orten mit Ansammlung von Yin-Chi laden auch zur Konzentrierung von Geistern ein.

Ich, der Lebende Buddha Lian-Sheng, habe zahlreiche Geister in meinem Leben getroffen. Von Natur aus sind Geister bösartig, aber sie sind auch geradeheraus und einfach. Ich fürchte sie nicht. Tatsächlich habe ich mehr Angst vor Menschen als vor Geistern. Viele Menschen sind manipulativ und betrügerisch und erschrekkender als Geister.

Als ein Praktizierender des Tantrayana weiß ich, wie man „Speiseopfer“, „Umwandlung von Nektar“-Rituale und „Seelenbefreiungen“ durchführt. Ich habe es zur Gewohnheit gemacht diese drei Rituale jeden Tag zu Hause durchzuführen. Deshalb nähern sich viele Geister auch meinem Haus! Sie kommen nicht, weil es dort Merkmale gibt, die ein Spukhaus zur Folge haben, sondern vielmehr weil ich sie auffordere zu kommen. Geister sind auch fühlende Wesen.

Ich habe diese Rituale einzig und alleine aus Mitgefühl durchgeführt und erwarte nichts als Gegenleistung. Letzten Endes ist das Erlangen der Wiedergeburt in dieser Welt nicht immer eine einfache Aufgabe und wenn ich etwas tun kann, um anderen zu nutzen, ist es mein Wille so viel zu tun, wie ich nur kann.

Teil II

34. Reflexionen über das Verfassen dieses Buches

Ich, der Lebende Buddha Lian-Sheng, war ursprünglich Christ. Ich wurde dann ein Schüler des Taoismus und studierte Feng Shui unter dem taoistischen Meister Ch´ing Chen. Schließlich nahm ich Zuflucht zum Buddhismus, zuerst zur
exoterischen Schule und später zur esoterischen (tantrischen) Schule.

Als ich dem taoistischen Meister Ch´ing Chen in Taiwan begegnete, hatte er das weltliche Leben aufgegeben und lebte anonym als ein Einsiedler. Obwohl er ein Taoist der Ch´ing Cheng Schule war, waren seine Kenntnisse nicht beschränkt auf den Taoismus; er hatte auch ein tiefes Verständnis von Theorien und Praktiken sowohl des Sutrischen als auch des Tantrischen Buddhismus. Tatsächlich wird ein genauerer Blick auf die Abstammungslinie des Meisters Vajra-Meister Jung Tseng und Vajra-Meister Norras als seine Mitschüler offenbaren.

Der taoistische Meister Ch´ing Chen war ein Gelehrter und Experte in vielen Geisteswissenschaften und Lehrfächern. Seine Interessen deckten eine gewaltige Anzahl von Fachgebieten ab und unter seiner umfangreichen Buchsammlung waren unbezahlbare geheime Lehren, die niemals öffentlich verbreitet wurden.

In späteren Jahren widmete sich der taoistische Meister Ch´ing Chen den mystischen Praktiken von T`u-na (Atmung) und dem Mäßigen des Geistes. Nachdem er die Freiheit und eine vollständige Selbstbeherrschung erreicht hatte, zog er es vor, keine der wundersamen Taten anzusprechen, die er vollbracht hatte, während er in Festland China lebte. Ich war sein einziger Schüler und er lehrte mich Taoismus, Sutrischen Buddhismus, Tantrischen Buddhismus und Feng Shui. Sein unübertroffenes Feng Shui-Wissen war ein unbezahlbarer Schatz und ich fühlte mich äußerst glücklich von ihm gelernt zu haben.

In all meinen Jahren des Studiums und Praktizierens von Taoismus, exoterischen Buddhismus, esoterischen Buddhismus und Feng Shui, habe ich viele Geheimnisse zwischen Himmel und Erde gelernt. Ich würde gerne den Fußstapfen meines Meisters folgen und ein Leben in Abgeschiedenheit führen. Ich habe jedoch jetzt viele eigene Schüler, die mich unentwegt aufsuchen, um mein Feng Shui-Wissen aufzunehmen. Es scheint, dass je mehr ich vom Ruhm fortlaufe, desto mehr Ruhm sucht mich auf; je härter ich versuche in Abgeschiedenheit zu leben, desto mehr werde ich aufgesucht. Dies ist eine beschämende und schmerzliche Situation für mich.

Seit ich ein Mönch geworden bin, habe ich den Weg erkannt, der die gewöhnliche Existenz zu einer überweltlichen umwandelt und erweitert. Ich habe auch die Prinzipien und Methoden für die Unsterblichkeit verstanden. Mit dem Geist und Bewusstsein in Übereinstimmung mit den Buddhas, habe ich Erkenntnis erlangt und bin zur wahren Natur des Geistes erwacht. Ich hatte nicht die Absicht noch länger weitere Artikel über Feng Shui zu schreiben. Aber ich wurde von Menschen mit großer Rechtschaffenheit, hier und in Übersee, aufgesucht, die wussten, dass ich die Geheimnisse des Feng Shui studiert hatte und mich drängten ein Buch zu schreiben, in dem die Praktiken des Hauswesen- Feng Shui genau geschildert werden. Sie argumentierten, dass wenn ich diesen Schatz in meiner Brust verborgen halte, eines Tages dieser Schatz aus der Welt verschwinden würde.

Deshalb war es für mich selber eine große Überraschung, das Buch Hauswesen- Feng Shui zu verfassen, nachdem ich ein Mönch geworden war.

Das Schreiben dieses Buches war eine recht schwierige Aufgabe, da das Fachgebiet Feng Shui voll gestopft ist mit Spezialbegriffen. Wenn mein Schreiben zu verworren gewesen wäre, würde kein Schüler und Leser es verstehen. Deshalb habe ich es für die Anfänger unterlassen zu viele spezielle Feng Shui-Begriffe zu verwenden und es vermieden etwas zu tiefgründig zu beschreiben.

Mein vorderster Wunsch beim Schreiben von Hauswesen-Feng Shui ist es, das Buch für alle Leser zugänglich zu machen. Ich habe versucht die Einzelheiten prägnant und anregend zu präsentieren, so dass der Leser sich nicht durch das Material verzettelt.

Natürlich dient das Buch nur als eine Basiseinführung zu den Geheimnissen der Erdmagie, da ersteres nur ein Tausendstel des Inhalts des letzteren abdeckt. Das Buch Die Geheimnisse der Erdmagie ist in zwölf Abschnitte unterteilt und umfasst insgesamt 72 Kapitel. In diesem jüngsten Schreiben habe ich nur die wichtigsten Punkte aus mehreren Kapiteln ausgewählt. Das Meiste in diesem Buch basiert in der Tat auf meine eigenen Begegnungen und Erfahrungen beim Umsetzen meines Feng Shui-Wissens in die Praxis.

Ich weiß in meinem Herzen, dass die Informationen in diesem Buch stichhaltig sind. Ich habe tausende von Häusern inspiziert und der Beweis, dass dieses Feng Shui-Wissen funktioniert übertrifft bei weitem die Erfolge, die in diesem Buch erwähnt werden. Es gibt zahlreiche Feng Shui-Methoden der Analyse von Wohnsitzen oder Grabstätten. Anfangs scheinen diese Methoden einfach zu erlernen zu sein, aber sie sind eigentlich schwer zu meistern. Und obwohl der Umfang dieses Buches nur ein winziges Bruchstück des Feng Shui-Wissens ist, kann das Studium dieses winzigen Bruchstückes dein gesamtes Leben einnehmen.

Viele Bücher auf dem Markt über Hauswesen-Feng Shui (in Chinesisch geschrieben) wenden die Methoden der „Richtungen“ an und sind in einer unklaren Sprache verfasst, die es unerträglich macht, sie zu lesen. Einige „modische Meister“ benutzen Tricks, um die Leute zu betrügen. Ich habe deshalb entschieden unter Anwendung von Vernunft und Logik dieses Buch zu schreiben und den üblichen geheimnisvollen Nimbus auszulöschen, der das Fach verschleiert.

In Hinsicht auf die Feng Shui-Theorien, die die „Drei Harmonien“, „Drei Zeitalter“, „Neun Paläste“, „Neun Sterne“, „Fünf Elemente“, „Achtundzwanzig Konstellationen“, „Mysteriöse Leere“, „Acht Trigramme“ und „Vierundzwanzig Berge“ betrifft, hoffe ich, dass es in Zukunft eine Möglichkeit für mich gibt, in einem systematischen Weg Kurse über diese Themen abzuhalten. Ich bin eingeladen worden einen Feng Shui-Kurs an der Universität von Washington zu geben und, wenn dies zustande kommt, glaube ich, wird er sowohl von chinesischen als auch von amerikanischen Studenten genossen werden.

Ich habe festgestellt, dass nur wenn man alles in einer systematischen, vorgeschriebenen Ordnung von den einfachsten Feng Shui-Konzepten bis hin zu den schwierigsten unterrichtet, die Schüler lernen und nach und nach Fortschritte machen können. Ich erwäge sorgfältig die Möglichkeit eine Klasse über Die Geheimnisse der Erdmagie zu unterrichten.

Erdmagie spielt auch eine Rolle im Überschreiten der „weltlichen Praktiken“. Bei der spirituellen Ausbildung, strebt der Ausbilder danach seine eigene Lebensenergie zu lenken und sie in die Lebensenergie von Himmel und Erde zu integrieren. Das ist der Beweggrund, warum ein tantrischer Praktizierender nach Höhlen mit hoher Energie sucht, um sich dorthin zurückzuziehen. Seine eigene

Lebensenergie zu lenken, um sich der Lebensenergie von Himmel und Erde anzuschließen, ist ein Muss für das Verschmelzen und Vereinigen.
Die endgültige Errungenschaft bei Tantrayana-Praktiken ist die präzise Manövrierung von innerer Energie, um sich mit der Energie von Himmel und Erde zu identifizieren und zu verschmelzen und so diese Energie in Leere umzuwandeln.
Wissen über Geomantik wendet künftige Gefahren ab,
ein Praktizierender erlangt lang anhaltenden Frieden,
eine goldgefüllte Schatzkammer,
sowie Vorteil bei der spirituellen Ausbildung.
Dieses alles umgebende Wissen
bringt Güte und viele Vorzüge für die Welt.

35. Ein Zeichen der Bestätigung vom Himmel für die Wahre Buddha Schule

Das Folgende ist eine Beschreibung der Segnungszeremonie, die im Februar 1987 im Ling Shen Ching Tze Tempel in Redmond, Washington, USA, abgehalten wurde

Am 7. Februar 1987 hielt die Wahre Buddha Schule ihre jährliche Segnungszeremonie für das Neue Mondjahr im Ling Shen Ching Tze Tempel in Redmond, Washington, ab. Um die tausend Schüler von überall aus der Welt nahmen an dieser Zeremonie teil.
Zu den Meistern, die an dieser Zeremonie teilnahmen, gehören folgende: John Chen, Chen Sen-Ho, Chen Sen-Lung, Chung Lu-Sheng, Li Mei-Li, Li Hsing-Chih, Lu Li-Hsiang, Luo Chen-Fang, Kender Tomko und Cheng Yu-Hsin aus den Vereinigten Staaten; Liao Yun-Ling, Lai Wen-Yan aus Kanada, Liu Yi-Jung aus Hongkong, Yu Yin-Shou, Chuang Huang-Yu und Liao Yu-Tsun aus Taiwan.
Drei tibetische Lamas waren dabei: Budon Chinchu, Tsangdui Gyalpo und Sonye Gyaltso. Sie alle boten dem Lebenden Buddha Lian-

Sheng Katas dar und erhielten im Gegenzug Segnungen vom Lebenden Buddha. Der Geistliche Wu-Beng, ein buddhistischer Mönch von einer exoterischen Schule, nahm während der Zeremonie Zuflucht zum Lebenden Buddha Lian-Sheng.

Liu Yi-Li und eine Gruppe von Schülern der Wahren Buddha Schule in Vancouver, Kanada, befanden sich gerade auf ihrem Weg zur Zeremonie im Redmond Tempel, als Liu plötzlich ein außerordentliches Phänomen am Himmel direkt über dem Ling Sheng Ching Tze Tempel bemerkte. Ein Strahl blendendes, milchig weißes Licht wurde vom Himmel herab gesandt und strömte in den Tempel hinein. Von der Seite kam auch noch ein anderer Strahl mit blendendem, grünem Licht vom Himmel herab und strömte zu einer anderen Seite des Tempels herein. An ihrer Berührungsstelle verschmalzen die beiden Strahlen und bildeten einen eindrucksvollen Anblick. Alle Schüler fuhren ihre Wägen von der Straße, stiegen aus und sahen sich den phänomenalen Anblick an.

Am Abend des 8. Februars stand Liu Yi-Li auf und erzählte allen von dem wundersamen Anblick, deren Zeuge sie geworden war. Das Herabsteigen und Verschmelzen der beiden Strahlen war eine Ermächtigung für alle anwesenden fühlenden Wesen.

Am 7. Februar, um 10.00 Uhr vormittags, fing die Segnungszeremonie an. Während die Versammlung mit großem Respekt dastand, ertönten zum Willkommen Glocken und Gongs beim zeremoniellen Eintreten des Begründers der Wahren Buddha Schule, dem Großmeister Lebender Buddha Lian-Sheng. Der Gründer gab den folgenden Vers von sich, um diesen Anlass zu gedenken:

Glück wohnt im eigenen Geist,
der Geist ist der Buddha;
sobald der Geist Buddha beherbergt,
folgt Glück ganz selbstverständlich.

Nach dem Verbrennen von zeremoniellen Gebetsschriften, fuhr der Lebende Buddha Lian-Sheng in Übereinstimmung mit der Liturgie der Segnungszeremonie fort – erst die Reinigungsmantren, dann die Aufrufungsmantren, die große Ehrerbietung, Opferung, Vierfache Zuflucht, Rüstungsschutz, Singen von Sutren, Tanzen von

Mudras, Visualisierung, Singen von Mantren, Eintritt ins Samadhi und schließlich die Segnungsermächtigung. Während der Zeremonie erfüllte eine starke spirituelle Energie den gesamten Tempel. Dharma-Regen schüttete herab und Buddha-Licht schien auf jeden in der Versammlung. Alle Anwesenden erlangten Segnungen von den Buddhas.

Der Lebende Buddha Lian-Sheng stellte in dem zeremoniellen Gebet fest, dass alle diejenigen, die sich auf dem Postweg für die Zeremonie angemeldet hatten, ebenfalls die großen Segnungen von den Dakinis erhalten würden. Die Anmeldeformulare wurden während des zeremoniellen Gebets verbrannt.

An zwei Nachmittagen wechselten sich die Meister ab, um die Schüler im Tempel zu unterrichten.

Am 7. Februar, um 8.00 Uhr abends, gab der Lebende Buddha Lian-Sheng einen Diskurs über den „Grenzenlosen Geist" und die „Vier unermesslichen Gedanken."

Mögen alle Wesen Glück und die Ursachen des Glückes besitzen – dies ist eine unermessliche liebende Güte.

Mögen alle Wesen befreit werden vom Leiden und den Ursachen des Leidens – dies ist ein unermessliches Mitgefühl.

Mögen alle Wesen frei sein vom Leiden und immer glücklich bleiben – dies ist eine unermessliche Freude.

Mögen alle Wesen frei von Habgier und Abneigung gegen andere sein und Vertrauen entwickeln in die Gleichheit aller – dies ist ein unermesslicher Gleichmut.

Liebende Güte, Mitgefühl, Freude und Gleichmut sind die Vier unermesslichen Gedanken. Nach dem Erklären der Übungsschritte und den geheimen Methoden, wie man diese Vier unermesslichen Gedanken erzeugt, gab der Lebende Buddha Lian-Sheng allen seinen gegenwärtigen Schülern Ermächtigung.

Die Lehren der Vier unermesslichen Gedanken bestätigten das großartige weiße Licht über den Ling Sheng Ching Tze Tempel als „Licht der liebenden Güte und des Mitgefühls".

Am 8. Februar, um 8.00 Uhr abends, gab der Lebende Buddha Lian-Sheng einen Diskurs über die Visualisierung der Majushri Boddhisattvas-Schwertübung. Nachdem er die Geheimnisse dieser Übung mit der Versammlung geteilt hatte, gab der Lebende Buddha Lian-Sheng auch die Ermächtigung zu dieser Übung.
Während der Lebende Buddha die Visualisierung für die Manjushri-Übung erklärte, fielen rote und gelbe Blüten aus dem spirituellen Reich und eine große spirituelle Energie erfüllte den Zuschauerraum. Viele Schüler bewegten spontan ihre Hände, um eine Lotus haltende Mudra zu formen. Es war ein wundervoller Augenblick. Viele Schüler sahen sich selber von oben mit roten und gelben Blüten übergossen.
Der Lebende Buddha Lian-Sheng kündigte an: „Mit dem Übergießen von Blumen auf die Versammlung, wird jeder Glück empfangen und seine Unglücksfälle werden beseitigt. Manjushri Boddhisattva ist sowohl das Glück- Vajra als auch das Prajna (Weisheit)-Vajra."
Das Lehren der Manjushri-Schwertvisualisierung bestätigte das großartige grüne Licht über den Ling Shen Ching Tze Tempel als „Licht der Weisheit".
Der Lebende Buddha erklärte: „Weisheit und Mitgefühl sind zwei notwendige Eigenschaften, die spirituelle Ausbilder besitzen müssen, bevor sie fühlenden Wesen zur Freiheit verhelfen können. Weisheit ohne liebende Güte und Mitgefühl wird sich letzten Endes in einen Dämon verwandeln. Mitgefühl ohne Weisheit wird nur einer begrenzten Anzahl von fühlenden Wesen helfen. Um die größte Macht einzubringen, muss es eine Verbindung dieser beiden Lichter geben."
Das folgende Projekt, das von Schülern vorgeschlagen wurde, verdient besondere Erwähnung:

Chung Hsiao-hsing vom Shenghsin-Ortsverein in Japan brachte einen Plan zur Verbreitung des wahren Buddha-Dharmas in Japan mit.

Lian-jung aus Sao Paulo, Brasilien, hatte Pläne, die Bücher des Lebenden Buddhas Lian-Sheng ins Portugiesische zu übersetzten.

Die Ortsvereine in Edmonton und Vancouver in Kanada sowie der Hsinfa-Ortsverein in Hongkong werden verantwortlich sein für die Übersetzung der Bücher des Gurus ins Englische.

36. Fragen und Antworten zur Schwarzen Sekte (Bon-Religion)

Ein Experte, der auf dem Gebiet der Weltreligionen recherchierte, fand mein Buch Hei Jiao Hei Fa (Die schwarze Sekte und die schwarze Magie) recht interessant und entschied daher, mir einen besonderen Besuch abzustatten. Während unseres Treffens, stellte er mir viele Fragen über die Schwarze (Bon) Sekte. Ich habe eine Auswahl aus unseren Gesprächen getroffen und präsentiere sie unten in einem Frage- und Antwortformat. Ich glaube, dass die Veröffentlichung dieses Artikels ein befriedigendes und ein allumfassendes Verständnis für den Ursprung und die Entwicklung der tibetischen Schwarzen Sekte zur Verfügung stellt.

Frage: Wann und wo hatte die Bon-Religion ihren Ursprung?

Antwort: Die Bon-Religion war ursprünglich eine animistisch-schamanistische Religion, die im tibetischen Hochland entwickelt wurde. Gemäß dem Yung-drung Bon Chiao Shih (Geschichte der Yung-drung Bon-Religion) hatte die Bon-Religion bereits 400 vor Christus existiert. Begründet wurde sie in Zhang-Zhung und später in dem Yar-Klung-Tal eingeführt. Die Tatsache, dass die ursprüngliche Bon-Religion eine animistisch-schamanistische Religion war, ist unbestreitbar.

Frage: Was ist eine animistisch-schamanistische Religion?

Antwort: Eine animistisch-schamanistische Religion entsteht, wenn die Menschen Furcht, Misstrauen und Hoffnungen gegenüber Gegenständen, die in der Natur gefunden werden hegen und anfangen diese zu verehren. Die wichtigste Lehre der Bon-Religion war, dass alles einen Geist hatte; sie beteten daher den Himmel, die Erde, den Mond, die Berge, die Flüsse, Donner, Blitz, Hagel, Nebel und sogar die Vögel und Tiere an.

Frage: Gibt es andere Religionen ähnlich wie die Bon-Religion?

Antwort: Nach meinem Verständnis praktizieren im nordöstlichen China, in der Mongolei und sogar in Hochlandgebieten in Taiwan andere Stämme ähnlichen Schamanismus und Hexerei. Tatsächlich hat man schamanistisch-religiöse Praktiken auf der ganzen Welt gefunden, die der Entwicklung der auf Theologie basierenden Religionen vorangingen. Animistisch-schamanistische religiöse Formen sind die frühesten bekannten religiösen Praktiken.

Frage: Was verehrten die Bon-Gläubigen?

Antwort: Gemäß den Chroniken von Tibet, verehrten Bon-Gläubige Geister und Hexerei und betrachteten den Steinbock als Gott. Sie vergötterten und verehrten Yaks, Ziegen und Schafe, weil Tiere eine vertraute Rolle in ihren täglichen Leben spielten. Die Hörner der Yaks und Ziegen wurden für Opferrituale verwendet und als edle Gefäße besonders wertgeschätzt.

Frage: Wie war die Welt gemäß der Bon-Religion eingeteilt?

Antwort: Die Gefolgsleute der Bon-Religion glaubten, dass die Welt in drei Sphären eingeteilt war: die obere Himmelssphäre, die mittlere Erdsphäre und die untere Unterweltsphäre, letztere war bewohnt von Dämonen. Im Himmel lebten sechs Götter, die Brüder waren. Der größte Gott „Samba" wurde betrachtet als Schaffer des Universums. Bon-Anhänger verehrten auch Drachengötter (kLu), die über die menschliche Welt herrschten. Es gab auch Berg-, Wasser- und Erdgeister, die gemeinsam unter dem Namen gNyan bekannt waren. Der Gott der machtvollen Thang-Lha-Bergkette war auch bekannt als „der große gNyan".

Frage: Warum wurde die Schwarze Sekte Bon-Sekte genannt?

Antwort: Viele Religionen hatten ihre Sprecher. Ansonsten bekannt als Priester, dienten sie als Vermittler zwischen Götter, Menschen und Dämonen. Die Priester der Schwarzen Sekte wurden in der tibetischen Sprache „Bon-pos“ genannt. Die Schwarze Sekte wurde deshalb auch Bon-Po-Religion oder in Kurzform Bon genannt. Die Priester der Schwarzen Sekte waren in drei Ränge eingeteilt: himmlische Bon-pos, weltliche Bon-pos und hohe Bon-pos.

Frage: In Ihrem Buch Hei Jiao Hei Fa hoben Sie hervor, dass die Schwarze Sekte Yaks verehrte. Haben Sie einen Beweis dafür?

Antwort: Um das vierte Jahrhundert vor Christi Geburt hatte die Schwarze Sekte bereits ein eigenes religiöses System geformt. Zu der Zeit wurde ein Stammeschef namens gNya-Khri bTsan-po aus dem Yar-Klung-Bezirk der erste König von Zentraltibet. Er kam aus einem Stamm bekannt als die Sechs Yakbullen, der Yaks als Götter verehrte. Es war mit Hilfe der Bon-Religion, dass GNya-khri bTsan-po König wurde. Deshalb habe ich erwähnt, dass die Schwarze Sekte die Yakgötter verehrten.

Frage: Wovon lebten Bon-Priester?

Antwort: Die Schwarze oder Bon-Religion in Tibet hatte siebenundzwanzig Generationen. In der Vergangenheit waren Bon-Priester sehr mächtig. Sie befassten sich mit Gebeten und Ritualen, die die Segnungen des Himmels anflehten, um Heilung zu bewirken, um Weissagungen durchzuführen, um in geschäftlichen Angelegenheiten zu helfen und um Streitereien beizulegen. Sie befassten sich auch mit Praktiken, die darauf zielten Unglück oder Strafe in Form von Krankheiten oder tödlichen Hagelstürmen zu bringen und sie riefen böse Geister an, um Anschläge oder böse Taten an anderen zu begehen. Zu der Zeit hatten Bon-pos einen sehr großen Einfluss auf viele Aspekte im Leben, einschließlich Fruchtbarkeit, Heirat, Heilung, Begräbnisse, Umzüge, Reisen, Landwirtschaft, Jagd, Beweidung und die Regierung. Die Bon-Religion war sogar in Kontrolle von ganz Tibet und alles musste von den Bon-pos
gebilligt werden.

Frage: Gab es verschiedene Gruppen in der Schwarzen oder Bon-Religion?

Antwort: Ja, es gab mehr oder weniger drei Gruppierungen. Die erste Gruppierung, Du-Bon, wurde von Ni-sin gegründet. Diese Gruppierung war in Osttibet populär und erlebte ihre Blütezeit während der

Herrschaft von König Da-hri Tsan-po. Die zweite Gruppierung, Cha-bon, wurde von drei Bon Priestern aus Kashmir gegründet. Diese Gruppierung blühte während der Herrschaft von sPu-lde Gung-rgyal bis zur Errichtung der tibetischen Dynastie. Die dritte Gruppierung, Chueh-Bon, wurde von Ching-chu Pan-chih-ta gegründet und blühte um die Zeit herum, in der buddhistischer Tantrayana in Tibet eingeführt wurde.

Frage: Was waren die Reaktionen der Bon-Religion als buddhistischer Tantrayana zum ersten Mal nach Tibet gebracht wurde?

Antwort: Als Tantrayana-Buddhismus in Tibet eingeführt wurde, trat es in eine lange Periode von Kämpfen mit der Bon-Religion ein – dies ist der berühmte Kampf zwischen Buddhismus und Bon. Gemäß den Analen der tibetischen Geschichte der Religionen, traf der Buddhismus, sobald er in Tibet ankam, sofort auf Abneigung und Widerstand der traditionellen Bon-Religion. Das ist verständlich. Die heftige und sich hinziehende Rivalität zwischen Tantrayana- Buddhismus und der Bon-Religion dauerte über zweihundert Jahre an.

Frage: Gewann der Tantrayana-Buddhismus schließlich?

Antwort: Ja. Das ist Hauptgrund, warum ich mich dafür einsetze, dass wir nicht die Unterscheidung zwischen dem Tantrayana-Buddhismus und der tibetischen Bon-Religion verwischen sollten.

Frage: Hatte die Bon-Religion ihr eigenen Schriften?

Antwort: Die Bon-Religion hatte ursprünglich keine eigenen Schriften. Als der Buddhismus in Tibet eingeführt wurde, brachte er viele Sutren und viel Literatur mit sich. Dies verursachte einen großen Schrecken unter den Anhängern der Bon Religion. Sie versuchten den Buddhismus mit vergleichbaren Waffen zu schlagen und nahmen Abschnitt II (Kapitel 51 bis 80) von dem Yogacara-Bhumi und änderten ihn in eine Bon-Sutra um. Sie eigneten sich auch die Große Dharani-Sutra an und änderten sie zu ihrer eigenen Weiße Drachen Sutra und Schwarze Drachen Sutra um. Die Prajna Hunderttausend Lobpreisungen wurden umgewandelt in Bon-po Kanjur. Es ist bedauerlich und lächerlich, dass, nachdem sie diese buddhistischen Texte gestohlen haben, die Bon-pos behaupteten dass ihre Texte von buddhistischen Schreibern kopiert worden waren.

Frage: Wann wurde Buddhismus in tibetisches Gebiet eingeführt?

Antwort: Buddhismus wurde zuerst um das siebte Jahrhundert während der Herrschaft des tibetischen Königs Srong-btsan sgampo eingeführt. Einige Aufzeichnungen behaupten auch, dass während der Herrschaft von Lha-tho-tho-ri, dem fünften Nachfolger des oben erwähnten Königs, Buddhismus in Tibet eingeführt wurde. Buddhismus wurde natürlich aus Indien nach Tibet gebracht, aber es gab auch einen Mythos, der behauptete, dass eine Schatzkiste, die buddhistische Schriften enthielt, eine Stupa und buddhistische Statuen von Himmel gefallen seien.

Frage: Können Sie mir kurz die Versuche der Bon-Religion beschreiben, den Buddhismus zu unterdrücken?

Antwort: Gemäß den Chroniken der tibetischen Könige gab es folgende Vorfälle:

Während der Erbauung des Jo-khang-Tempels wurden die Bauarbeiten, die am Tag vollendet worden waren, nachts von Bon- Anhängern sabotiert.

Um die Kämpfe zwischen den buddhistischen und Bon-Gruppierungen zu verringern, schaffte der königliche Hof einen Ausgleich, indem es Bon-Symbole um das Äußere des Tempels hinzufügte.

Während der Amtszeit der machvollen mGar Familie, wurden buddhistische Mönche vertrieben und buddhistische Sutren wurden unterdrückt. Sowohl große als auch kleine Tempel wurden geschlossen und das Bild des Shakyamuni-Buddha, das von der Prinzessin Wen-ch´eng mitgebracht worden war, wurde unter der Erde vergraben.

Tibetische Minister, die Bon-Anhänger waren, interpretierten eine Pockenepidemie als Zeichen des Zornes der alten Götter und schrieben den Ausbruch den buddhistischen Mönchen zu. Sie gaben der Prinzessin Chin-cheng die Schuld und zettelten Aufstände gegen die Tang-Dynastie und den Buddhismus an.

Während des Zeitraumes als Na-Lang-Shi den König unterstützte, wurden buddhistische Statuen vergraben, der Jo-khang Tempel wurde eine Hinrichtungsstätte und ein Dekret wurde herausgegeben, das die Buddhisten im ganzen Land unterdrückte.

Antibuddhistische Bon-Minister behaupteten, das Shantarakshita, der indische buddhistische Lehrer, den Zorn der Bon-Po-Götter

hervorgerufen und Hungersnot nach Tibet gebracht hat. Sie schafften es, die zeitweilige Vertreibung von Shantrakshita nach Nepal zu bewirken.
Padmasambhava bekämpfte und unterwarf die Bon-Priester schließlich und erlaubte es dem Buddhismus in Tibet zu gedeihen.
Dieser schwierige Kampf zwischen Bon und Buddhismus dauerte über zwei Jahrhunderte an. Während der Herrschaft von König gLang-dar-ma gab es einen weiteren Aufschwung zur Widerbelebung von Bon und Auslöschung von Buddhismus und dem Dharma. Abgesehen von der Zerstörung von Tempeln und Klöstern und der Verbrennung von buddhistischen Büchern, wurden hochrangige Mönche ermordet, Mönche mittleren Ranges vertrieben und gewöhnliche Mönche gezwungen in ein weltliches Leben zurückzukehren. Während dieser Periode der Unterdrückung von Dharma in Tibet wurden alle offenkundigen buddhistischen Tätigkeiten unterdrückt.
Es ist eine historische Tatsache, dass Buddhismus und Bon-Religion unversöhnliche Rivalen waren und dies wurde während der gesamten tibetischen Geschichte aufgezeichnet. Tantrayana-Buddhismus und Bon- Religion sind zwei verschiedene Religionen und sollten nicht irrtümlich für eine gehalten werden.
Frage: Können Sie mir vom Kampf zwischen Padmasambhava und den Bon- Priestern erzählen?
Antwort: Shantarakshita schlug dem tibetischen König vor Padmasambhava nach Tibet einzuladen, um die Bon-Hexer zu unterwerfen. Padmadambhava war ein großer Tantrayana Meister in Udyana, der modernen Stadt von Kashmir. Auf seiner Reise begann Padmasambhava die Bon-Schamanen zu besiegen. Die Einzelheiten sind in der Biografie von Padmasambhava aufgezeichnet. Natürlich war Padmasambhava ein wahrer Tantrayana-Meister, viel fähiger als die Bon-pos. Dies ermöglichte es ihm schließlich die Oberhand zu gewinnen.
Padmasambhava nahm auch eine neue Strategie an. Nachdem er die großen Berg- und Wassergeister der Bon-Religion gebändigt hatte, verwandelte er sie in Dharma-Beschützer des Buddhismus. Unter den Bon-Geistern befinden sich die „12 Dan-mas“, die alle

Tantrayana-Dharma-Beschützer geworden sind. Das folgende ist eine Beschreibung des Padmasambhava in der Geschichte Tibets. „Seine überweltlichen und wundersamen Kräfte nutzend, unterwarf Padmasambhava die Maras und Nicht-Menschen, die von da an gelobten sich in Gottheiten umzuwandeln und den rechtschaffenen Dharma zu beschützen."

Frage: Es hieß, dass es während des Kampfes zwischen Buddhismus und Bon, einen großen Wortstreit gab. Was wissen Sie darüber?

Antwort: Auf der Höhe ihres Antagonismus gegen den Buddhismus schlossen die Bon-Anhänger folgenden Vers in ihre Gebete ein: „Mögen die Bon- Herrscher sTonpa gShenrab den Lotusthron von Shakyamuni mit Füßen treten." Sie richteten ihre Beleidigungen direkt an Shakyamuni-Buddha. Zu der Zeit hatten siebenundzwanzig Edelmänner den König aufgefordert die Bon-Religion aufzugeben, um Buddhismus zu studieren. König Khri-srong lde-btsan entschied daher eine Debatte zwischen Bon und Buddhismus zu organisieren. Die Lehrsätze des Bon waren sehr oberflächlich und der tiefgründigen Philosophie und den Lehrsätzen des Buddhismus nicht gewachsen. Die Bon-pos verloren natürlich die Debatte. Als Folge davon kündigte der königliche Hof an, dass Bon eine illegale Religion werden sollte und weder Mitglieder des Militärs noch Zivilisten sie praktizieren sollten. Schließlich mussten die Anhänger von Bon in den Untergrund gehen.

Frage: Können Sie die Entwicklung von exoterischen und esoterischen Buddhismus in Tibet beschreiben?

Antwort: Viele Menschen sind sich bewusst, dass der Buddhismus in Tibet als Erstes in erster Linie in Sutrayana-Form eingeführt worden war. Während der späteren Periode der Einführung, beschäftigten sich die Leute sowohl mit exoterischen als auch esoterischen Praktiken. Als Tantrayana in Indien populär wurde, kamen viele berühmte tantrische Lehrer über Kashmir nach Tibet. Eine esoterische Tantrayana-Methode kann den Prozess der Erleuchtung außerordentlich beschleunigen. Diese Methoden wurden sehr populär in Tibet, einer Gesellschaft, die lange Zeit Umbrüche und Turbulenzen durchleben musste.

Frage: Ist Bon eine Sekte des Tantrayana-Buddhismus ?

Antwort: Bon war ursprünglich eine animistisch-schamanistische Religion im tibetischen Hochland und von Anfang an war sie niemals Tantrayana. Buddhismus und Bon haben hunderte von Jahren im Kampf gelegen. Bon unterscheidet sich grundsätzlich von Buddhismus und ist kein Teil von Tantrayana. Bon-Anhänger, die Buddhisten wurden, können wir nur als Menschen betrachten, die von der Bon-Religion zum Buddhismus konvertiert sind. Tantrayana ist Tantrayana, Bon ist Bon und die zwei sollten nicht verwechselt werden. Bon für Tantrayana auszugeben ist betrügerisch und zutiefst irritierend und dient auf keinen Fall irgendeinem Zweck!

37. Grundlegende mündliche Lehren des Lebenden Buddha Lian-Sheng, Begründer der Wahren Buddha Schule

1. Zen, Tantrayana und Stabilität

Zur Erlangung der Erleuchtung arbeitet ein Zen-Praktizierender besonders mit der „Natur des Geistes“, um die „leere Natur“ zu erkunden und zu erleben.

Im Gegensatz dazu fängt ein Tantrayana-Praktizierender erst mit dem „Körper“ an. Die Anwendung von Mudras, Mantren und Visualisierung, die Erzeugung von Licht im eigenen Herzen, innerem Feuer und Lichttropfen, die Öffnung der drei Kanäle und sieben Chakren und das Verschmelzen von einem selbst mit dem Licht des Universums sind Praktiken, die mit dem inneren Körper arbeiten. Diese Praktiken führen einen zur Erleuchtung.

Der Zen-Weg zur Erleuchtung ist vergleichsweise schwerer zu fassen. Der Weg zur Erleuchtung in Tantrayana ist konkreter. Das ist der Hauptunterschied zwischen den beiden.

Gleichgültig welcher Weltreligion oder welcher bestimmten Sekte innerhalb einer gewissen Religion man angehört, ob es sich nun um Zen, Tantrayana oder die Tradition des Reinen Landes innerhalb des buddhistischen Glaubens handelt, die absolute Voraussetzung etwas zu erreichen, ist die Ausbildung der Stabilität. Ohne Stabilität wird es keine Erleuchtung geben. Ohne Stabilität wird ein tantrischer Praktizierender keinen Erfolg haben in irgendeiner der tantrischen Übungen. Es wird keine „Vollendung des inneren Feuers" oder „Erzeugung vom Licht im Herzen" geben. Und man wird definitiv nicht in der Lage sein „zu verschmelzen und mit dem Licht des Universums Eins zu werden".

Deshalb muss man, um Erleuchtung zu verwirklichen, in den Zustand von „Stabilität" und Stille eintreten. Im Zustand von Stabilität sammeln sich alle Gedanken zu einem „Eins". Von „Eins" tritt man in „Null" ein. Man tritt in den Zustand von „Null" ein, um Leere zu besitzen. Sobald der Suchende in Leere geerdet ist, wird das Licht des Universums sofort in einen einfließen und dessen Herz wird sich öffnen, um ein innewohnendes Licht zu offenbaren. Sofort werden die zwei Lichter verschmelzen und mit der Verschmelzung und Versenkung wird Erleuchtung da sein.

Stabilität ist deshalb sehr wichtig.

Wenn man sich jedoch nach Ruhm, Profit, Macht, Meistertiteln und die Fähigkeit Wunder zu vollbringen sehnt, wird man emotionale Leiden haben. Diese Leiden werden das Herz veranlassen sich zu schließen. Wenn der Geist (Herz) nicht von diesen emotionalen Leiden befreit werden kann, wie kann man dann in Stabilität eintreten?

Zu gewöhnlichen Zeiten muss man einen offen Geist und ein offenes Herz entwickeln, um in der Lage zu sein, sich von Anhängseln freizumachen. Nur wenn emotionale Leiden ausgelöscht sind, wird man in der Lage sein in Stabilität einzutreten.

Deshalb haben unsere Sicht des Lebens, unsere Methoden mit dem täglichen Stress umzugehen und das Kommen und Gehen von Ereignissen wichtige Einflüsse auf unsere Leben!

2. Was ist eine „Segnung"?

Ist eine „Segnung" lediglich das Auferlegen der Hand des Gurus auf deinem Kopf und das Tätscheln des Kopfes? Was ist die Bedeutung einer „Segnung? Man kann eine Analogie für eine Segnung im Schlagen eines Baseballs finden. Ein Schwung mit dem Schläger kann den Ball fliegend durch die Luft senden. Wenn im richtigen Augenblick ein Windstoß hinzukommt, der den Ball weiter trägt als er normalerweise geflogen wäre, dann ist der Windstoß eine „Segnung"!
Wenn du den Ball nicht geschlagen und ihn durch die Luft fliegen lassen hättest, würde dir der Windstoß von keinem Nutzen sein.

3. Der Schlüssel zum Singen von Mantren

Während des Singens von Mantren solltest du deine Geisteskraft nutzen, um das Geräusch und die Frequenz in dein Herzchakra zu übermitteln und einzuflößen.
Während du die Mantra 108 Mal singst, mache folgende Visualisierung:
Visualisiere, wie sich ein weißer Lotus in deinem Herzen allmählich zu voller Blüte öffnet. Auf dem Lotus sitzt die Saatsilbe Hum. Die Silbe Hum sendet einen Strahl starkes weißes Licht aus, dass deinen zentralen Kanal entlang in das Herzchakra durch das Kehlenchakra zu der Kronenchakra fließt. (Singe die Herzmantra des Gurus 108 Mal)

4. Der Schlüssel zum Eintritt in den Samadhi

Während des Samadhi, beruhigt man seinen Geist, um in Stabilität einzutreten. (Nutze Visualisierung um den Geist zum Eintritt in die Große Helligkeit vom Samadhi zu führen). Mache folgende Visualisierung:
Visualisiere drinnen im Herzchakra einen weißen Lotus in seiner vollen Blüte. Die Saatsilbe Hum sendet weißes Licht aus, das von der Herzchakra den ganzen Weg nach oben zur Kronenchakra reist. (Pausiere kurz bei dieser Visualisierung).

Visualisiere einen kleinen weißen Lotussitz, der über deiner Krone erscheint. Lebender Buddha Lian-Sheng (die fünf Buddha-Krone mit zwei Streifen an der Seite und eine gelbe Dharmarobe mit einer roten Soutane darüber tragend) formt die Padmakumara-Mudra und sitzt auf diesem weißen Lotussitz, der direkt auf der Kronenöffnung ruht. (Pausiere kurz).

Lebender Buddha Lian-Sheng transformiert in einen Strudel von weißen Lichtern über deinem Kopf. Dieses weiße Licht wird stärker und stärker, wie die Sonne, die direkt auf den Kopf scheint. (Pausiere kurz).

Visualisiere diesen Strudel von weißem Licht, wie er in deine Kronenöffnung eintritt, den Zentralkanal hinunter durch die Kehle hindurch steigt, bis er das Herzchakra erreicht. (Pausiere kurz).

Der Lebende Buddha Lian-Sheng sitzt nun auf dem weißen Lotussitz im Herzchakra und sendet strahlendes weißes Licht aus– dies ist, als ob die Sonne in dein Herz scheinen würde. (Pausiere ein kleines bisschen länger, um der Herzchakra bei der Übung weißes Licht auszusenden zu helfen.

Der Dharma-Körper des Lebenden Buddha Lian-Sheng im Herz vergrößert sich allmählich, bis er dieselbe Größe wie der eigene Körper erreicht hat und sich mit diesem verschmelzt. (Pausiere kurz).

Es gibt jetzt keinen Unterschied zwischen dem Lebenden Buddha und dir. Du bist der Lebende Buddha Lian-Sheng, der die Fünf-Buddha-Krone mit den zwei Seitenstreifen und eine Schnur mit Mantraperlen trägt, in einer gelben Robe mit einer roten Soutane, die Padmakumara Mudra haltend und auf einem großen Lotussitz sitzend. In dem spirituellen Reich verweilend hast du die dieselbe perfekte Haltung und volle Majestät wie ein Buddha. Alle Budhhas, Bodhisattvas und Dharma-Beschützer sitzen in Kreisen um dich herum (Pausiere kurz). (Verschmelzung von einem selbst und dem Lebenden Buddha Lian-Sheng)

Das Herzchakra-Hum in dir, Lebenden Buddha Lian-Sheng, sendet nun starke weiße Lichter aus, die in die zehn Richtungen des Universums ausstrahlen. (Pausiere kurz.)

Alle Buddhas und Bodhisattvas senden großartige weiße Lichter aus, die zehn Richtungen des Universums erleuchtend. Das gesamte Universum ist erfüllt mit großer Helligkeit. (Pausiere kurz).
Tauche selber ein in diese großartige Helligkeit. Werde selbstlos, ohne Gedanken und Denken, tauche ein und verweile in der großartigen Helligkeit des Ozeans von Vairocana vom Samadhi...

38. Eine Reise nach Redmond

Von Meister Lian-han

Viele Mitschüler, die auf Pilgerreisen zum Lei Tsang Temple (Ling Chen Ching Tze) in Redmond, Washington, gereist sind, kennen die wunderschönen Anblicke dort. Der majestätische und erhabene Tempel, emporragende Kieferbäume, der smaragdgrüne Sammamish-See, rote Ziegeln und weiße Wände des Tantrischen Quartiers des Wahren Buddhas und die ungewöhnlich frische Luft und das heitere Umfeld haben unauslöschliche Eindrücke auf den Geist der Besucher hinterlassen.
Ich war sehr gesegnet und glücklich, die Gelegenheit zu bekommen am 23. Juni 1986 nach Seattle zu fliegen, um dem Tantrischen Quartier des Wahren Buddhas und dem Lei Tsang Tempel (Ling Chen Ching Tze) meine Ehrerbietung zu erweisen und an den Geburtstagsfeierlichkeiten seiner Heiligkeit, Lebender Buddha Lian-Sheng, dem Begründer unserer Schule, teilzunehmen.
Während der fünf Wochen meines Aufenthaltes in dem Tempel hatte ich die Gelegenheit dem Lebenden Buddha Lian-Sheng nahe zu kommen und in seiner Gegenwart eine andauernde Überschüttung von Buddha-Licht zu erhalten. Um diese Dharma-Kostprobe mit jedem zu teilen, habe ich diesen Artikel „Eine Reise nach Redmond“ geschrieben.

Geburtstagsfeierlichkeit

Am 23. Juni, am 18. Tag des fünften Mondmonats, wachte ich früh in der Morgendämmerung auf, um zum Ling Shen Ching Tze Tempel zu gehen. Zu dieser Stunde war es sehr still. Ich sah bewundernd alles um mich herum an und begann die Szenerie auf Video aufzunehmen. Dieser Tag war der Geburtstag von seiner Heiligkeit Lebender Buddha Lian-Sheng. Die Sonne war am Horizont aufgegangen und die goldenen Strahlen schienen auf die Dachziegel des Ling Shen Ching Tze. Mit seinem rötlich gelben Dach, das plötzlich glitzernd golden wurde, sah der Tempel, ein heiliger Ort für hunderttausende von Mitschülern überall in der Welt, noch majestätischer aus als normalerweise. Gebadet im goldenen Sonnenlicht, füllte sich mein Herz mit ehrfürchtiger Freude und ich sah sorgfältig jeden Baum und jeden Busch um mich herum an und nahm so meine Umgebung auf. Schließlich fixierte ich meinen Blick auf das Tantrische Quartier des Wahren Buddhas. Unser heiliger Guru, der Lebende Buddha Lian-sheng, ein zutiefst erleuchteter Meister, verehrt von hunderttausenden von Schülern, lebte in diesem Gebäude...Gerade in diesem Moment, stieß eine Gruppe, die möglicherweise Mantren sang, plötzlich aus dem Nichts heraus einen langen Ton „Ah!“ hervor. Er durchdrang die Ruhe in der Luft und rüttelte mich aus meinen Gedanken wach.

Am Nachmittag begannen Schüler die zu den Feierlichkeiten kamen, am Tempel einzutreffen. Mit großer Ernsthaftigkeit und Verehrung erfüllt, waren sie aus der ganzen Welt gekommen, um an dem freudigen Anlass teilzunehmen. Der Abt des Ling Shen Ching Tze, Meister Lian-huo (John Chen) und seine zwei Brüder und deren Familien hatten bereits ein aufwändiges Buffet und einen riesigen Geburtstagskuchen vorbereitet. Alles war bereit für die Ankunft vom Großmeister, Seiner Heiligkeit Lebender Buddha Lian-Sheng.

Gegen 17.00 Uhr schritt Seine Heiligkeit, begleitet von Shi-Mu (der Frau des Meisters), in den Tempel hinein. Alle drängten sich um sie herum und nachdem sie sie zu ihren Sitzen begleitet hatten, fingen die Schüler an sich dreimal vor ihnen niederzuwerfen, um sie zu ehren. Aber nach der ersten Niederwerfung standen Seine Heiligkeit und Shi-Mu auf, drehten ihre Gesichter zum Schrein hin und warfen sich zusammen mit uns allen vor den Buddhas und Bodhisattvas nieder.

Seine Heiligkeit trug eine aprikosenfarbene Mönchsrobe und ein Paar graue Mönchsschuhe. Sein rundes Gesicht war so mitfühlend wie das eines Buddhas und er war völlig anspruchslos und bescheiden, ohne die Allüren, die man von einem Gründer einer Schule oder einem Lebenden Buddha vermuten könnte. Er fiel oft in unser Gelächter mit ein.

Auf die riesige Geburtstagstorte waren folgende Worte geschrieben: „Herzlichen Glückwunsch und Alles Gute zum Geburtstag, Lebender Buddha Lian-Sheng." Nach dem Anzünden der Kerze auf dem Kuchen, applaudierte jeder und sang Happy Birthday. Der Großmeister lächelte jeden an und beugte sich, als das Singen beendet war, herüber, um die Kerze auszupusten. Alle jubelten und der gesamte Versammlungsraum war mit Gejohle erfüllt. Als eine Gruppe von mehr als zweihundert Leuten ihren Blick auf den Großmeister richteten, schnitt er langsam eine gerade Linie durch den Kuchen und sagte in Taiwanesisch: „Eine gerade Straße hoch zum Pfad!" Er sagte die Dharma-Phrase in so einem humorvollen Ton, dass jeder in Gelächter ausbrach.

Inmitten des Gelächters dachte ich bei mir: „Wie viele Menschen verstehen eigentlich die Ernsthaftigkeit und die aufrichtigen Wünsche hinter den Worten Seiner Heiligkeit?"

Außerhalb des Tempels aßen und tranken Leute. Zu der Zeit nahm der Großmeister das erste Stück Kuchen und legte es auf den Teller, den ich mit meinen beiden Händen hielt...

Nachdem die Bitten der Schüler Fotos mit ihm zu machen befriedigt waren, hielt Seine Heiligkeit eine Dharma-Belehrung ab und alle saßen um ihn herum.

Ein Abstecher nach Vancouver

Am 27. Juni 1986, um 13.00 Uhr, stiegen Seine Heiligkeit und seine Familie, Meister Lian-Shi und seine Familie und andere Leute (insgesamt elf Personen) in einen Kleinbus und fuhren vom Ling Sheng Ching Tze aus nach Vancouver, Kanada. Seine Heiligkeit war dazu eingeladen worden Pootee Tang, den Vancouver-Ortsverband der Wahren Buddha Schule, zwei Tage lang zu unterrichten. Wir planten auch die Weltausstellung, die während dieser Zeit in Vancouver stattfand, zu besuchen.

Der frühe Sommer an der Westküste von Nordamerika war dem späten Herbst in Hongkong sehr ähnlich. Die Luft war kühl und kristallklar. Der Himmel war eine unendliche Ausdehnung von Blau mit ein paar wenigen Wolkenstreifen, die vorbeischwebten – wir hatten für unseren Ausflug den perfekten Tag ausgewählt. Dem Weg entlang passierten wir eine malerische Landschaft und jeder war voller Überschwang. Seine Heiligkeit war frohgemut und plauderte humorvoll mit uns.

Als wir die kanadische Grenze erreichten, warteten die Dharma-Brüder aus Vancouver bereits seit einiger Zeit auf uns. Nachdem sie Seiner Heiligkeit ein herzliches Willkommen bereitet hatten, fuhren unsere beiden Gruppen in Richtung Vancouver.

Als wir an unserem Ziel ankamen, war es fast 17.00 Uhr. Anstatt ins Hotel zu gehen, um sich auszuruhen oder in ein Restaurant zum Abendessen, wollte Seine Heiligkeit den Veranstaltungsort sehen, wo die Dharma-Zeremonie abgehalten würde. Angelegenheiten, die mit der Weitergabe des Buddha-Dharma in Verbindung standen, waren zuvorderst in seinen Gedanken.

Am Veranstaltungsort arbeiteten die Mitarbeiter des Pootee Tang verzweifelt daran, den Schrein zu errichten. Da die Dharma-Zeremonie, die am nächsten Tag abgehalten werden sollte, ein wichtiges Ereignis war, lag ein Gefühl der Ernsthaftigkeit und Dringlichkeit in der Luft. Als Seine Heiligkeit ankam, hörten die Arbeiter mit allem auf, was sie gerade taten und rannten eilig herbei, um ihm ihre Ehrerbietung zu erweisen.

Dann fingen etwa sieben oder acht Arbeiter aufgeregt an, Seiner Heiligkeit zu berichten, dass sie zuvor mit ihren eigenen Augen einen regenbogenfarbigen Drachen an diesem Tage am Himmel gesehen hätten. Jeder versuchte zur gleichen Zeit zu sprechen und es lag eine heftige Aufregung in jedem Gesicht. Als Seine Heiligkeit die Neuig-

keiten hörte, lächelte er nur und sagte gar nichts. Da ich eine ungeduldige Person war, unterbrach ich sie und fragte: „Was für eine Art von regenbogenfarbigem Drachen? Unter welchen Umständen habt ihr ihn gesehen?"
„Ich war der Erste, der ihn gesehen hat, während wir die Holzarbeiten in den Lastwagen geladen haben", sagte ein Dharma-Bruder.
„Wir waren in einem weiten offenen Gebiet und konnten den Himmel meilenweit um uns herum sehen. Der Drache sah aus wie eine Wolke oder Nebel, aber es war kein Nebel und er war halbdurchsichtig und regenbogenfarben", sagte ein anderer Dharma-Bruder.
„Als wir ihn alle sahen, flog der regenbogenfarbene Drache langsam in den Himmel!"
„Wie viel Uhr war es, als ihr ihn saht?" fragte ich.
„Es war früher Nachmittag, um 13.00 Uhr herum!"
„Aus welcher Richtung kam der regenbogenfarbene Drache? Wo flog er hin?" fragte ich.
„Es war am Himmel im Süden, und er flog mit seinem Kopf nach Nordwesten gerichtet."
„War er sehr deutlich? Warum habt ihr kein Foto vom regenbogenfarbenen Drachen aufgenommen?"
„Wir sahen ihn sehr deutlich. Wir waren mitten dabei, die Hölzer zu bewegen und niemand hatte eine Kamera. Als wir gehen wollten, um eine zu holen, verschwand der regenbogenfarbene Drache!"
„Keine Fotos, wie schade!" Ich kratzte frustriert meinen Kopf. Seine Heiligkeit sah mich lächelnd an. Plötzlich dämmerte mir die Bedeutung der Richtung und der Zeit, in der der Drache gesehen worden war. Der Drache kam aus dem Süden – lag Redmond nicht südlich von Vancouver? Er flog in den Nordwesten – war das nicht die Richtung, die man reisen musste, um Vancouver von Redmond aus zu erreichen? Gegen 13.00 Uhr – war das nicht die Zeit, in der Seine Heiligkeit den Ling Shen Ching Tze verlassen hatte, um nach Vancouver zu fahren?
Oh! Ich verstand nun! Die Erscheinung des regenbogenfarbenen Drachen war ein Glück verheißendes Zeichen, das den Ausflug eines großen Weisen begleitete! Ich war unbeschreiblich bewegt und richtete meine Augen auf Seine Heiligkeit. Er lächelte mich an. In

diesem Augenblick sprachen seine Augen zu mir und ich verstand stillschweigend und fühlte eine pulsierende Energie durch meinen Körper laufen.

Die Dharma-Zeremonie in Vancouver

Am 28. Juni, um 13.00 Uhr, fing die Dharma-Zeremonie offiziell an. Seine Heiligkeit und andere Meister schritten in den Veranstaltungsort hinein und nahmen auf der Bühne Platz. Es gab eine große Teilnehmerzahl bei der Zuhörerschaft und jeder setze sich still und ehrfurchtsvoll, um Seine Heiligkeit lehren zu hören.

Seine Heiligkeit gab zuerst eine Einführung zur Wahren Buddha Schule und ihre leitenden Richtlinien „der Verehrung des Gurus, Wertschätzung des Dharmas und Beteiligung an effektiven Übungen.“ Dann ermutigte Seine Heiligkeit jeden fleißig zu praktizieren, um die Erkenntnis und Buddhaschaft zu erlangen.

Während der Zeremonie forderte Seine Heiligkeit die Dharma-Brüder, die am Tag zuvor den regenbogenfarbenen Drachen gesehen hatten, auf, ihre Hände zu erheben. Sofort erhoben sieben Leute ihre Hände.

Nachdem Seine Heiligkeit jedem eine Segnung erteilt hatte, endete die Zeremonie Glück verheißend.

Vor der Zeremonie am nächsten Tag, stand Seine Heiligkeit mit jedem draußen vor dem Eingang des Veranstaltungsortes um Fotos zu schießen. Als die Fotos später entwickelt wurden, zeigte eines eine Stelle mit weißem Licht über der Stelle an, an der Seine Heiligkeit und alle anderen unter dem roten Banner gestanden hatten – aber alle Personen auf dem Bild waren verschwunden. Dieses Foto wurde eines der Dutzenden von Lichtfotos, die die wundersamen Mächte Seiner Heiligkeit demonstrierten. Seine Heiligkeit fügte später dieses Bild seinem neuen Buch Yuen Ting Ti Shen Su (Reflexionen über das Aufgeben vom heimischen Leben) bei.

Am zweiten Zeremonietag übermittelte Seine Heiligkeit eine einfache Wohlstandsübung an alle, um das Interesse der Leute zu entfachen und die Verbreitung des Dharma zu erleichtern.
Als Seine Heiligkeit jedem die Ermächtigung für die Übung gab sah ich Shi-Mu und ihre Kinder (Fo-Ching und Fo-Chi) am Ende der Schlange warten. Als sie nach vorne kamen, warfen sie sich ehrfurchtsvoll vor Seiner Heiligkeit nieder und nachdem sie die Ermächtigung erhalten hatten, platzierten sie respektvoll ihre vorbereiten Opfer in die Opferkiste. Das bewegte mich äußerst tief und beschämte mich, weil die Gruppe von Meistern auf der Bühne (mich eingeschlossen) keine Opfer vorbereitet hatten, um sie Seiner Heiligkeit für die Ermächtigung zu geben. Shi-Mus aufrichtige Hingabe für den Guru, obwohl sie in all den Jahren die Frau des Gurus gewesen ist, hatte uns alle beschämt.
Nach der erfolgreichen Vollendung der zweitägigen Dharma-Zeremonie, gingen wir mit Seiner Heiligkeit am 30. Juni die Expo-Weltausstellung besuchen. Das Thema der Expo war „Transport" und es gab überall ein Gedränge an Besuchern. Seine Heiligkeit verhielt sich in unserer Gesellschaft völlig frei und natürlich. Er redete und lachte fröhlich mit uns, als wir herumliefen und an diesem Tag insgesamt neun Ausstellungszelte besuchten.
An diesem Abend verabschiedete ich mich von Seiner Heiligkeit und Shi-Mu, weil ich selber am nächsten Morgen im Begriff war nach Calgary zu gehen. Mein viertägiger Aufenthalt in Vancouver hatte zusätzliche Arbeit für die Dharma-Brüder am Pootee Tang geschaffen. Abgesehen von der Organisation der Angelegenheiten, die in Zusammenhang mit den Dharma-Zeremonien standen, nahmen sie sich auch die Zeit unsere Zimmer, Verpflegung und Transport zu arrangieren. Ich war sehr dankbar für die aufrichtige Wärme, die sie mir gewährten.

Berge von Briefen an Seine Heiligkeit

Am 5. Juli, als ich von Calgary wieder nach Redmond zurückkam, war Seine Heiligkeit bereits drei Tage zuvor von seinem Ausflug zurückgekommen. Nachdem man für über zehn Tage so beschäftigt gewesen war, dachte ich, dass das Leben wieder sein normales Tempo annehmen würde.

Aber Seine Heiligkeit und Shi-Mu, Meisterin Lian-Hsiang, waren noch beschäftigter als zuvor. Viele der über hunderttausend Schüler in der ganzen Welt hatten Geburtstagskarten geschickt. Da Seine Heiligkeit während des sechstägigen Ausfluges nach Vancouver nicht in der Lage war Post zu beantworten, stapelten sich die Briefe sehr schnell. Deshalb bat mich Seine Heiligkeit ihm bei der Beantwortung der Briefe zu helfen.

In dem Tantrischen Quartier des Wahren Buddhas zeigte Seine Heiligkeit in sein Schlafzimmer hinein. Sobald ich dort eintrat, sah ich drei riesige Körbe, die mit Briefen gefüllt waren. Zusätzlich gab es noch einen anderen Stapel ganz oben auf dem Schreibtisch und noch einen neben den Körben. Ich konnte nicht schätzen, wie viele Briefe es waren, aber meine Augen fielen fast heraus, als ich das sah. Die Anzahl der Briefe hatte meine Erwartungen bei weitem übertroffen.

Seine Heiligkeit lächelte jedoch nur. Er führte mich in Shi-Mus Zimmer und darin gab es zwei Schreibtische, beide mit Briefen voll gestapelt. Oh Himmel! Das überstieg völlig meine Vorstellungskraft! „Helft mir, Buddhas und Bodhisattvas, ich werde bald lebendig unter diesen Briefe begraben!“ Seine Heiligkeit konnte ein Lachen nicht unterdrücken, als er diese Worte äußerte.

Tatsächlich hatte Seine Heiligkeit einen Zustand erreicht, an dem Sorgen keine Sorgen und Glück kein Glück ist – ein Zustand völliger Unerschütterlichkeit. Obwohl es einen großen Druck durch die Menge der eingehenden Post gab, fühlte er sich frei, entspannt und fröhlich!

Nachdem er seinen Stuhl aus dem Zimmer genommen und ihn neben einem der Schreibtische in Shi-Mus Zimmer gestellt hatte, forderte mich Seine Heiligkeit auf, mich ihm gegenüber zu setzen. Shi-Mu setzte sich an den anderen Schreibtisch. So starteten wir drei die „Postbeantwortungsfirma“ und stürzten uns in den hohen Druck und die fordernde Arbeit.

Jede Antwort begleitet von Segnungen

Tatsächlich fällt mir außer Seiner Heiligkeit niemand anders in der Welt ein, der in der Lage gewesen wäre diesen Berg von eingehenden Briefen zu beantworten. Jeder mit nur leichten Kenntnissen über die Art der Bitten in diesen Briefen, kennt die Wahrheit meiner Behauptung.

Ich fand heraus, dass die meisten um Verleihung von Segnung und Glück baten, obwohl ein Teil dieser Briefe auch nach Problemen im Zusammenhang mit dem Studium und den Praktiken des Dharma fragten. Viele begehrten Zuflucht zu nehmen, aber gleichzeitig schlossen ihre Briefe ein Dutzend anderer Fragen mit ein. Viele der Zufluchtsuchenden litten an Problemen der Finanzen, Liebe und Gesundheit und einige baten um Hilfe im Namen von Familienmitgliedern, die depressiv waren oder an andern Geistesstörungen litten. Sie alle baten um die Segnungen des Lebenden Buddhas. Zusätzlich baten viele den Lebenden Buddha um eine Deutung ihres Lebens. Viele Briefe baten um Segnungen und psychische Deutungen. Es gab alle Arten von Anliegen in diesen Briefen.

In einem Stapel von Briefen, den ich las, stieß ich auf viele Berichte von unglaublich merkwürdigen Geschehnissen sowie Beschreibungen von vielen ungewöhnlichen und widerspenstigen Erkrankungen, die medizinischer Behandlung widerstanden. In diesen Briefen kamen auch sehr merkwürdige Meinungen und Ideen zum Vorschein.

Bei einer Art von Briefen wusste ich nicht, ob ich lachen oder weinen sollte: Die Absender hielten den Lebenden Buddha für einen Wahrsager. Sie baten den Lebenden Buddha vorauszusagen, „wann die Schwiegertochter einen Enkelsohn gebären würde“, „wann sie das große Geld machen würden“, „wann sie heiraten würden“, „was der Beruf des künftigen Ehemannes sein würde“, „wann sich die Geschäfte bessern würden“, „wann ein betrügender Ehemann bereuen würde und wieder nach Hause käme“ usw.

Viele Fragen waren recht banal, solche wie „Wie viele Räucherstäbchen sollte ich verbrennen?“ „Was bedeuten die Sieben Sterne Schritte? Beziehen sie sich auf die sieben Leberflecken auf der menschlichen Haut?“ „Warum ist man launisch?“ „Ist die Orientierung meines Hauses, das nach Westen gerichtet ist, eine gute?“ Ich stieß auch auf diese merkwürdige Frage: „Sollte ich meinen Vater töten? Er ist eine schlechte Person und schimpft meine Mutter und die Familie jeden Tag aus. Ich möchte ihn zum Wohle aller loswerden.“

Die Stapel an Briefen zu lesen brachten mich in persönlichen Kontakt mit unzähligen Arten von Menschen in der Welt. Es war beeindrukkend Seine Heiligkeit im Umgang mit den Briefen und den schwierigen Problemen, nach denen gefragt wurde, zu beobachten. Niemals zeigte er irgendeine Verärgerung über die Banalität oder Dummheit der Fragen. Mehrere Briefe sind in winziger, schludriger Handschrift mit einem Umfang von einem Dutzend von Seiten, die dennoch nicht viel aussagten, verfasst worden. Nachdem man drei oder vier Seiten gelesen hatte, fragt man sich immer noch, was die Pointe des Briefes war. Doch gleichgültig wie unbedeutend oder absurd einige Briefe zu sein schienen, der Großmeister las sie und beantwortete selbige. Seine Geduld und Toleranz waren erstaunlich.

Die Art wie der Großmeister die Briefe las, erstaunte mich sogar noch mehr. Ein schneller Leser kann normalerweise fünf bis zehn Zeilen auf einen Blick lesen. Die Geschwindigkeit mit der der Großmeister jedoch die Briefe las, überstieg dies bei weitem. Er brauchte den Brief nur in der Hand zu halten und sich einen Moment lang zu konzentrieren, dann wusste er den gesamten Inhalt. Beim bloßen Überfliegen eines Briefes mit mehr als zehn Seiten würde er manchmal die genauen Fragen, die gestellt wurden, kennen. Obwohl für unsere Augen solche Fähigkeiten völlig wundersam erscheinen, so sind sie für den Großmeister nichts Ungewöhnliches.

Indem ich mit den Antworten half, war ich oft verblüfft über die Schwierigkeit der vorgetragenen Probleme und würde den Großmeister um Rat bitten. Er würde einen schnelle Blick auf den Brief werfen und sofort eine Lösung anbieten. Egal wie merkwürdig oder kompliziert das Problem war, der Großmeister musste niemals eine Pause einlegen, um darüber nachzudenken. Er würde mir immer eine Antwort geben, die das Problem direkt ansprach und löste. Dies erstaunte mich zutiefst. Wäre ich nicht selber Zeuge davon

geworden, hätte ich so eine große Leistung nur in einem Märchen aus Tausendundeiner Nacht für möglich gehalten.
Die Art, wie Seine Heiligkeit die Briefe beantwortete war sogar noch unfassbarer. Er schrieb so schnell, dass sein Füller über das Papier zu fliegen schien. Ohne Denkpause behandelte er alle Fragen. Wenn eine Antwort einer Weissagung bedurfte, würde er direkt an Ort und Stelle eine Weissagung abgeben. Wenn ein Brief um Segnung bat, würde er sofort einen Talisman ausarbeiten, um ihn mit der Antwort zu schicken. Es war solch ein schneller und glatter Arbeitsvorgang, im Handumdrehen, war die Antwort fertig.
Nach dem Platzieren eines Lotusaufdruckes, eines Bildes von einem Buddha oder Bodhisattva in jedem Brief, würde der Großmeister den Brief auf der Stelle segnen, indem er ein Buddha-Beiwort sang und einen Atemzug von Lebens-Chi in den Briefumschlag blies, bevor dieser schließlich versiegelt wurde. Während er das große Bündel an Briefen auf den Weg zum Briefkasten trug, sang der Großmeister auch durchgehend Buddha-Beiworte. Daher war jede Antwort mit dem Lebens-Chi und spirituellen Licht Seiner Heiligkeit überzogen. Diese Segnungen waren so wertvoll und ihre Empfänger waren in der Tat die Glücklichsten unter den Menschen!
Briefe von Leuten, die Zuflucht suchten, stellten die größte Gruppe dar und kamen von Leuten aus allen Lebenslagen. Buddhistische Mönche und Nonnen, Hochschulprofessoren, Gelehrte mit Doktortiteln, Hausfrauen, Studenten, Soldaten und selbst Leute mit körperlichen Behinderungen schrieben um Zuflucht zu nehmen. Seine Heiligkeit zeigte großes Mitgefühl und Gelassenheit während er fühlende Wesen anzog, die kamen und Zuflucht zu ihm nahmen. Nicht wenige Briefe kamen von Leuten, die Zuflucht für ganze Familien oder für große Menschengruppen suchten. Die beschwerliche Last, die Zufluchtszertifikate auszufüllen, fiel auf die Schultern von Shi-Mu, die auch dafür verantwortlich war die Antwortbriefumschläge zu schreiben. Aus dem Füller von Shi-Mu wurden jeden Tag Haufen von Zufluchtszertifikaten und zahllose Schüler des Wahren Buddhas geboren. Auf diese Weise erwies sich Shi-Mu selber als große Mutter von einhundertzwanzigtausend Schülern in der Welt.

Während dieser Zeit stellte ich fest, dass viele Leute, die schrieben, um um Zuflucht, Weissagung oder Segnung zu bitten, den Briefen keine Spenden beifügten. Selbst diejenigen, die den Großmeister stellvertretend für sie um die Durchführung tantrischer Rituale baten, schlossen keine Spenden in ihre Bitten mit ein. In solchen Fällen musste Seine Heiligkeit nicht nur das Rückporto und die Druckkosten für die Zertifikate bezahlen, sondern auch die Blumen und Früchte, die als Opfergabe für die Rituale gekauft wurden. Trotzdem beantworteten Seine Heiligkeit und Shi-Mu all diese Anliegen gleich und ohne Diskriminierung. Sie wollten lieber sparsam leben, um Geld zu sparen, das sie für die Schüler ausgeben konnten. Solcherart ist das Herz Seiner Heiligkeit, ein großer und mitfühlender wahrer Weiser, der ein großes Gelübde abgeben hat alle Wesen gleichermaßen anzuziehen!

Wenn Seine Heiligkeit in diesen Sitzungen auf Briefe stieß, die sehr traurig waren, konnte er es nicht vermeiden, dass sich in seinem Gesicht großes Mitgefühl zeigte. Er würde seinen Kopf schütteln und seufzen: „Was für ein Elend!“ Beim Lesen von Briefen, die voller Lob und Dankbarkeit waren, würde jedoch nur ein leichtes, indifferentes Lächeln auf seinem Gesicht erscheinen. Wenn ein Brief von einem betrügerischen Schüler kam, der dunkle Absichten hegte, würde er seinen Kopf schütteln und seufzen: „Wie schade!“ Er würde jedoch immer noch den Wunsch in der Hoffnung gewähren, dass der Schüler eines Tages Einsicht gewinnen und sich von den bösen Wegen abwenden würde.

Seine Heiligkeit machte einmal eine Bemerkung, die ich niemals vergessen werde: „Solange jemand einen einzigen Gedanken zu Buddha hin richtet, werde ich ihn oder sie als Buddha betrachten!“ So ist der Gemütszustand unseres Großmeisters, dem Heiligen Lebenden Buddha!

An dieser Stelle würde ich gerne an meine Mitschüler in aller Welt appellieren auf folgende drei Dinge zu achten, wenn sie an den Lebenden Buddha schreiben:

Behandelt den Lebenden Buddha nicht als Wahrsager und belästigt ihn nicht mit banalen und weltlichen Fragen, da dies seine wertvolle Zeit vergeudet.

Fragt den Lebenden Buddha nicht nach Anweisungen zu unbedeutenden Angelegenheiten. Um den Meister in dringenden Angelegenheiten zu konsultieren, schreibt kurz und klar.
Beim Ersuchen um Zuflucht oder anderen Diensten, erinnert Euch bitte daran, eine Spende beizulegen. Wir Schüler sollten regelmäßige Spenden an den Guru unserer Abstammungslinie geben und auch an dem traditionellen Brauch festhalten, niemals ein Ersuchen ohne Spende zu stellen. Besonders in der tantrischen Tradition wird das Darbieten von Spenden an den Hauptguru als oberste Verpflichtung gesehen. Obwohl es dem Lebenden Buddha nichts ausmacht, ob man ihm etwas spendet oder nicht (er gestattet Leuten zu zahlen, was immer sie wollen, ohne einen festgesetzten Preis), ist es unhöflich für einen Schüler ein Ersuchen mit leeren Händen zu machen. Es ist in der Tat ein tantrisches Tabu für einen Schüler ein Ersuchen ohne eine Spende zu stellen. Es gibt viele Gründe, warum solche Regeln existieren.

Ein reglementiertes Leben und unerschöpfliche Energie

Seine Heiligkeit nimmt jeden Tag an unzähligen Angelegenheiten teil und ist äußerst beschäftigt, aber er lebt ein sehr diszipliniertes und reglementiertes Leben, wie er es tat, als er im Militärdienst stand.
Jeden Morgen um 6.30 Uhr erhebt sich Seine Heiligkeit und, nachdem er einen Sadhana praktiziert hat, schreibt er. Nach dem Frühstück um 8.30 Uhr schreibt er bis zu seinem Lauftraining um 11.30 Uhr weiter, bei dem er langsam einmal um den Tempel zu läuft. Nach dem Mittagessen um 12.00 Uhr, verbringt er ungefähr die nächsten dreißig Minuten damit Post zu öffnen. Um Punkt 13.00 Uhr fängt er an die Briefe zu beantworten und setzt diese Tätigkeit bis 16.00 Uhr fort. Er empfängt täglich zwischen 16.00 Uhr und 18.30 Uhr Besucher. Abendessen ist gewöhnlich um 19.00 Uhr, aber manchmal wird es auf 20.00 Uhr verschoben, wenn im letzten Moment Besucher auftauchen oder zu viele Fragen gestellt werden. Nach einem Bad und noch einer Sitzung von Sadhana, unternimmt Seine Heiligkeit einen kleinen Spaziergang draußen, um sich einige Gedanken über

sein Schreiben am nächsten Tag zu machen. Nach Anbruch der Dunkelheit (In Seattles Sommern wird es gegen 21.30 Uhr dunkel), öffnet er noch mehr Briefe und liest einige Bücher. Manchmal spielt er Klavier oder sieht fern, um sein Englisch zu verbessern. Bevor er sich um Mitternacht zur Ruhe legt, nimmt er oft ein kleines Glas milden Wein zu sich. Dieser Zeitplan wird streng befolgt, außer an den Abenden, an denen Besucher eine Verschiebung des Planes verursachen.

Was mich am meisten erstaunt ist, dass trotz dieses vollen Zeitplanes, Seine Heiligkeit immer voller Energie ist. Er nimmt nie ein Schläfchen am Nachmittag oder döst nie vor sich hin. Ich habe Shi-Mu darüber befragt und sie sagte: „So ist das die letzten neun Jahre gewesen. Es ist ein Glück, dass er soviel Energie hat; wie könnte er sich sonst mit so vielen Dingen beschäftigen?“ Ich fühlte mich an die Zeit erinnert, als ich den Lebenden Buddha 1983 besuchte, wo er bereits voller Energie war und niemals Müdigkeit zeigte.

Mehrere Male folgte ich Seiner Heiligkeit während seines täglichen Lauftrainings um den Tempel. An sonnigen Tagen, Punkt 11.30 Uhr, legte er seinen Füller nieder, machte im Wohnzimmer einige Übungen zum Aufwärmen, öffnete die Haustür und ging hinaus. Nachdem er von seinem Haus zur Vordertür des Tempels gerannt war, joggte er die Stufen zum Tempel hinauf und drehte sich nach rechts, um die Außenseite des Tempels zu umkreisen. Jedes Mal, wenn er die linke Seite des Tempel erreichte, machte er für einen Moment eine Pause und legte die Handflächen zusammen, um den Drachengeist unter den drei hohen Kiefern Anerkennung zu bezeugen. Wenn er wieder an der Vordertür des Tempels gelangt war, hielt er entweder noch einmal an, um die Handflächen zusammenzulegen und den Bodhisattvas in dem Tempel seinen Respekt zu bekunden oder er ging einfach hinein und führte eine Große Ehrerbietung durch. Danach fügte er die Handflächen zusammen und verbeugte sich vor den Weihrauchschwenkern draußen, bevor er die Stufen hinunterlief, um nach Hause zu gehen. Es war eine Freude für mich hinter ihm zu laufen. Er sah so natürlich und zwanglos aus mit der lockeren aprikosenfarbigen Mönchrobe, die sanft im Wind schwang,

und seine Hochstimmung und sein Humor wärmten mich wie eine Frühlingsbrise.
Die Tage waren hell und sonnig, mit frischer Luft und einer warmen sanften Brise; Ich fühlte mich gesegnet jeden Tag mit dem sorglosen und zwanglosen Lebenden Buddha joggen zu können, während wir langsam um den Tempel herumliefen, umgeben von wunderschöner Landschaft. Diese Zeit war das unvergesslichste Zwischenspiel in meinem Leben!

Tägliches Empfangen und Unterstützen der Besucher

Gleichgültig wie beschäftigt er war, bestand Seine Heiligkeit darauf, jeden Tag einige Zeit beiseite zu legen, damit er sich mit Besuchern treffen konnte. Wenn die Uhr im Wohnzimmer vier Uhr nachmittags schlug, legte er die Post nieder und ging nach unten in den Schreinraum, dem Tantrischen Quartier des Wahren Buddhas, um seine Besucher zu begrüßen. Er traf sie am Schreibtisch neben dem Schrein, wo drei Stühle neben dem Fenster aufgestellt wurden.
Jeder Besuch, der kommt um Seiner Heiligkeit Achtung zu erweisen, muss zuerst Shi-Mu anrufen, um einen Termin für das Treffen zu vereinbaren. Dieses Minimum an Höflichkeit sollte gezeigt werden. Jeden Tag zu der Stunde, an der er die Besucher traf, war das Wohnzimmer unten mit Leuten angefüllt. Diese Aufgabe war sogar noch anspruchsvoller als die Post zu beantworten. Shi-Mu hatte auch einen sehr engen Zeitplan. Nachdem sie die Besucher begrüßt hatte und sie dazu gebracht hatte, sich zu setzen, gab sie ihnen Papier, auf das sie ihre Fragen aufschreiben durften. Dann arrangierte sie für die Gäste nacheinander zum Lebenden Buddha zu gehen. Leute, die darauf warten an die Reihe zu kommen, sitzen nicht immer ruhig da. Sie zappeln herum und sprechen laut und Shi-Mu bringt ihnen Tee, Früchte und Snacks.
Besucher, die kommen um Seine Heiligkeit zu sehen, stammen aus allen Lebensbereichen – sie haben verschiedene Nationalitäten und kommen aus verschiedenen Ländern. Die meisten Probleme waren von gewöhnlicher Art, bei der die Leute den Lebenden Buddha um

Hilfe und Segnung ersuchten. Unter den Leuten schien es keinen Mangel an solchen zu geben, die umständlich waren und in der Lage waren, jemanden zu bedrängen, dass man über die Geduld hinaus strapaziert wurde.

Shi-Mu ist eine sehr kultivierte Person mit einer guten Laune. Gleichgültig wie langwierig die Gäste waren, sie trat ihnen immer ruhig und mit einem Lächeln entgegen. Man kann sich die erstaunliche Geduld und Ausdauer nur vorstellen, die der Lebende Buddha haben muss, um die verschiedenen Anliegen der Besucher im Schreinzimmer zufrieden zu stellen.

Shi-Mu sagte: „Der Großmeister hat immer gelehrt, dass fühlende Wesen eine große Menge an Leiden erfahren haben und wir sollten versuchen ihre Wünsche zufrieden zu stellen." Man kann hieran das große Mitgefühl des Lebenden Buddhas und Shi-Mus ersehen.

Wegen dem Ansehen Seiner Heiligkeit, sind Besucher gelegentlich nervös und aufgeregt, wenn sie in den Schreinraum eintreten, um mit dem Großmeister zu sprechen. Ihre Herzen rasen und sie werden sprachlos. Manchmal sind sie von dem Zeitpunkt an, an dem sie ins Zimmer herein gehen bis zum Zeitpunkt, an dem sie herauskommen, nervös und wie betäubt.

Ich erinnere mich an eine Dame, die einen Flug von über zwanzig Stunden auf sich nahm, um Seine Heiligkeit für eine Beratung zu treffen. Nach dem Treffen kam sie mit einem starren Blick auf ihrem Gesicht aus dem Raum. Später, als ihre Begleiterin vom Treffen mit dem Lebenden Buddha herauskam, fragte sie die Dame, ob sie sich vor dem Schrein niedergeworfen hätte. Die Dame antwortete, sie wäre sich nicht bewusst, dass sich ein Schrein im Zimmer befand. Jeder fand es merkwürdig, dass sie den großen Schrein, der mit zahlreichen Buddhastatuen bedeckt war, nicht bemerkt hatte. Sie erklärte: „Als ich an der Reihe war hineinzugehen, war ich so nervös, dass ich nicht weiß, wie ich es geschafft habe in den Raum hineinzugehen. Alles was ich weiß, ist, dass der Lebende Buddha mich aufforderte mich hinzusetzen. Nachdem ich mich hingesetzt hatte und ihm meinen Zettel gegeben habe, auf dem ich zuvor meine Anliegen geschrieben hatte, sagte der Lebende Buddha etwas zu mir, aber ich kann mich nicht erinnern was. Dann bin ich herausgekommen. Ich

habe wirklich keinen Schrein gesehen... Mein Herz pocht jetzt immer noch!" Als sie das hörten, lachten alle.
Shu-mu war wirklich mitfühlend. In der nächsten Pause brachte sie die Dame persönlich wieder in den Schreinraum, so dass sie die Gelegenheit bekam ihren Respekt vor dem Schrein zu erweisen. Die Dame war danach äußerst dankbar.
Manchmal kommen Besucher ohne die Höflichkeit einen Termin zu vereinbaren unangekündigt an. Sie erscheinen an der Haustür, klingeln und sind enttäuscht, wenn man sie höflich wegschickt. Der Terminplan Seiner Heiligkeit ist so dicht belegt, dass es sehr schwierig ist zusätzliche Termine unterzubringen. Die mitfühlende Shi-Mu versucht oft für diejenigen, die um Seine Heiligkeit zu sehen besonders weit gereist sind, Treffen innerhalb einer Woche zu arrangieren. Wenn sich Seine Heiligkeit außerhalb der Stadt befindet, dann müssen Besucher einfach bis zum nächsten Mal warten.

Shi-Mu, eine großartige Frau

Wir sind vertraut mit dem Sprichwort: „Hinter einem erfolgreichen Mann, gibt es immer eine rechtschaffene und fähige Frau."
In seinem Leben ist Seine Heiligkeit unerschütterlich und erfolgreich den Pfad zur Erlangung von „Buddhaschaft im gegenwärtigen Leben" gewandelt. Er schaffte es fühlenden Wesen zu zeigen, dass so ein Ziel möglich ist. Seine Fußstapfen strahlen glitzernde goldene Lichter aus, die die fühlenden Wesen leiten, die dicht hinter ihm laufen.
Hinter Seiner Heiligkeit steht eine großartige und mitfühlende Shi-Mu!
Shi-Mu verdient große Verdienste für ihre Rolle bei der Unterstützung des Lebenden Buddhas. Sie begleitete Seine Heiligkeit durch viele Jahre großen Mühsals hindurch. Seit ihrer Anfänge mit kärglichen Mitteln, haben sie flutartigen Wellen von heimtückischen Verleumdungen und Angriffen aus allen Richtungen widerstanden. Hinter der erstaunlichen stählernden Willenskraft und Entschlossenheit Seiner Heiligkeit, stehen unterstützend die tröstenden

Worte, Ermutigung und Freundschaft von Shi-Mu. Sie haben viele bewegende Geschichten miteinander geteilt.
Zusammen haben Seine Heiligkeit und Shi-Mu harte Umstände und Annehmlichkeiten, Freuden und Sorgen durchstanden. Shi-Mu ist die größte Dharma-Unterstützerin hinter dem Erfolg des Großmeisters bei der Verwirklichung von Buddhaschaft! Während dieses Vorganges hat Shi-Mu selber Strapazen und Trübsal ausgehalten und eine große Menge an Erfahrung gesammelt. Sie hat auch ein sehr hohes, spirituelles Niveau kultiviert und bewundernswerte Kräfte der Stabilität entwickelt. Sie zeigt tiefes Verständnis in ihrer Fähigkeit mit vielen verschiedenen Situationen perfekt umzugehen. Shi-Mu stellt auch ein hervorragendes Beispiel für andere dar, indem sie aufrichtig „sich selbst dem Guru widmet, das Dharma wertschätzt und es in Übungen verwirklicht." Leise hat sie Fortschritte auf dem Pfad erzielt und tiefgründiges Verständnis erlangt. Als Folge davon hat sie die Acharya-Ermächtigung von Seiner Heiligkeit erhalten und ist selber Meisterin geworden.
Meine Frau und ich trafen Shi-Mu zum ersten Mal vor sieben Jahren, als wir nach Redmond gereist sind, um nach Lehren zu suchen und dem Lebenden Buddha Achtung zu bezeugen. Während des Aufenthaltes in ihrem Haus von mehr als einem halben Monat im Jahre 1983, lehrte mich Shi-Mu kein Dharma. Letztes Jahr hatten meine Frau und ich die Gelegenheit Shi-Mu im Taipei Chuang Yan Ortsverband und im Taichung Chi Chieh Ortsverband lehren zu hören und waren äußerst beeindruckt von ihrem Wissen und ihren Fortschritten.
Während meines gegenwärtigen Aufenthaltes im Hause des Meisters, hatte ich bei mehreren Gelegenheiten die Chance mit Shi-Mu zu plaudern. Beiläufig übermittelte sie mir in ihren Bemerkungen einige Edelsteine der Weisheit. Als ich sie hörte, war ich augenblicklich erstaunt und fühlte insgeheim sowohl Überraschung als auch Freude. Ich war überrascht, weil sie einen unfassbaren Durchbruch in ihrer Ausbildung erzielt hatte; und ich war glücklich, weil ihre Bemerkungen unabsichtlich persönliche Fragen gelöst hatten, die ich mir bereits für eine lange Zeit während meiner Praktiken gestellt hatte! Die Frage, die ich hatte war recht tiefgründig und kompliziert und ich hatte auf eine Gelegenheit gewartet Seine

Heiligkeit um Rat zu fragen. Unerwartet war ich durch mein beiläufiges Gespräch mit Shi-Mu in der Lage den mentalen Knoten in meinem Verstand zu lösen. Ich realisierte sofort, dass sie ein fortgeschrittenes Niveau in ihrer Ausbildung erreicht hat!

Shi-Mu trägt in sich auch die Tugenden, die bei traditionellen chinesischen Frauen geschätzt werden: Einfachheit, Ausdauer, Sparsamkeit, Kenntnisse wie man einen Haushalt führt und die Kinder erzieht. Zuzüglich der geschäftigen Hausarbeit, hat sie auch eine schwere Last an Dharma-Arbeit zu bewältigen.

Ihre Hausarbeit besteht darin, sich um das ganze Haus zu kümmern: fegen und saubermachen, kochen, einkaufen, Wäsche wachen, Nähen, die Kinder zur Schule hin- und zurückfahren und sich um die allgemeinen täglichen Bedürfnisse der Kinder zu kümmern.

In ihrer täglichen Dharma-Arbeit füllt sie Stapel an Zufluchtszertifikaten und Stapel von Antwortbriefumschlägen für die anfragenden Schüler aus (die Gesamtzahl an Zufluchtschülern betrug zur Zeit dieses Schreibens 120.000). Jeden Tag bereitet sie Tee, Früchte und Snacks für die Leute vor, die aus allen Ecken der Welt angereist sind, um dem Lebenden Buddha Ehrerbietung zu bezeugen und sie trifft Vereinbarungen für diese Leute, ihn im Gegenzug zu sehen. Sie hört auch geduldig den zahlreichen Ferngesprächen zu, die zu jeder Stunde aus der ganzen Welt kommen. Gleichwohl ermöglichten ihr ihre Übung und ihr langfristiges Engagement in diesen Aufgaben, alles ruhig und mit Zuversicht zu behandeln.

Zusätzlich hat Shi-Mu eine noch wichtigere Aufgabe – die heilige Aufgabe Seine Heiligkeit, den Großmeister von 120.000 Schülern der Wahren Buddha Schule in der ganzen Welt, zu betreuen. Dieser großartige Dienst beim Unterstützen und Befreien von fühlenden Wesen, wird eine glorreiche Seite in den Analen der Wahren Buddha Schule füllen.

Beim Erziehen ihrer Kinder, bestätigt sich Shi-Mu auch als Modellmutter. Zusätzlich zur Hilfe für Fo-ching und Fo-chi bei deren Hausaufgaben, unterrichtet sie ihnen Lebensrichtlinien und Moral. Sie ist freundlich, aber auch streng, geduldig und detailorientiert.

Ich empfand mich selber als sehr glücklich, dass ich die Gelegenheit bekam jeden Sonntagnachmittag mit dem Großmeister und seiner

Familie ausgehen zu können. Einmal, als wir ein Einkaufszentrum in der Innenstadt besuchten, ging Fo-chi in einen Spielzeugladen und kam eine lange Zeit nicht wieder heraus. Der Großmeister, Shi-Mu und ich setzen uns eine Weile auf eine Bank. Fo-ching ging in das Geschäft, um nach ihn zu sehen. Sobald Fo-chi herauskam, wollte er, dass seine Mutter mit ihm in den Laden geht. Shi-Mu weigerte sich erst, aber nach einem Hin und Her, willigte sie schließlich ein mit in den Laden zu gehen. Nachdem sie sich umgesehen hatte, kam sie jedoch mit einem Grimassen ziehenden Fo-Chi im Schlepptau wieder heraus.

Wir verließen den Spielzeugladen und setzten unseren Spaziergang fort. Ich bemerkte, dass hinter uns Fo-Chi immer wieder zum Geschäft zurückschaute, während er sich heimlich die Tränen aus den Augen wischte. Deshalb beugte ich mich zu ihm und flüsterte: „Wie wäre es, wenn Du und ich schnell zu dem Spielzeugladen zurückgehen und ich kaufe es für Dich?“ Ich hoffte, dass dies ein Lächeln auf sein Gesicht bringen würde, aber er schüttelte seinen Kopf und sagte: „Nein!“

Wir entfernten uns immer weiter von dem Spielzeugladen und ich leistete Fo-chi hinten Gesellschaft und sah ihn weinen. Ich versuchte dreimal ihn zur Umkehr zum Laden zu bewegen. Er weigerte sich weiterhin. Schließlich fragte ich ihn: „Möchtest du dieses Spielzeug nicht haben?“

Er nickte. Dann fragte ich wieder: „Warum gehst Du dann nicht zurück zu dem Geschäft? Ich werde es für Dich kaufen und Mama und Papa werden dich nicht dafür ausschimpfen.“

Er antwortete kurz und entschlossen: „Meine Mama und mein Papa werden darüber nicht glücklich sein!“

Ich beobachtete hilflos wie der kleine achtjährige Dharma-Bruder einen tränenreichen Abschied vom Spielzeugladen nahm. Ich konnte jedoch nicht anders als den richtigen Weg zu bewundern, in dem Shi-Mu ihren Sohn erzogen hatte.

Goldene Sonnenstrahlen im Dunkeln

Außerhalb des Ling Sheng Ching Tze und des Tantrischen Quartiers der Wahren Buddha Schule war ich oft in tiefen Gedanken versunken, während ich auf die Landschaft um mich herum blickte. Hier machte der tiefblaue Himmel die Bäusche weißer Wolken noch weißer als gewöhnlich und die smaragdgrünen Rasen und bis zum Himmel reichenden Riesenkiefern verstärkten das Gold von den Dachziegeln des Tempels. Was für ein wunderschöner und prächtiger Anblick! Dies ist so, weil der heilige Weise, Seine Heiligkeit der Lebende Buddha, hier lebt! Das spirituelle Licht des Lebenden Buddhas durchflutet Himmel und Erde und erstreckt sich vom Ozean zum Himmel. Die frische Luft atmend, fühlte ich mich sorglos und freudvoll; alle meine weltlichen Ärgernisse waren weggeschmolzen! Ich erhob meinen Kopf zum Himmel und mit geschlossenen Augen schwelgte ich in einem Zustand, in dem das Selbst fast vergessen ist...

Ich stand oft alleine in der linken Ecke des Tempels und blickte auf die drei hohen Kiefern. Nicht lange zuvor hatte Seine Heiligkeit an derselben Stelle gestanden, während der Drachengeist sich über den Riesenkiefern offenbarte, goldene Lichter auf ihn speiend...

Oftmals, früh morgens und spät abends, würde ich zu dem Tempel gehen und hinter dem Opfertisch in der Mitte sitzen und mit dem Gesicht zum Schrein meditieren. Diese Stelle ist das Zentrum der Drachenhöhle und die spirituelle Energie hier ist die stärkste. Hier zu meditieren ermöglicht es der spirituellen Energie rasch zusammenzulaufen und den Körper anzufüllen; es ermöglicht einem schnell den Zustand der Stabilität zu erreichen.

Eines Nachts, nach 22.00 Uhr, ging ich erneut zum Tempel, um alleine zu meditieren. Nachdem ich den vollkommenen Lotus angenommen hatte, fühlte ich rasch die spirituelle Energie durch meinen Körper stürmen. Mitten in einer außergewöhnlich greifbaren und sogar aufnahmefähigen Helligkeit, trat ich in die Stabilität ein und wurde abgetrennt von meiner Umgebung. Plötzlich flammte der Raum vor meinen Augen auf und ich sah die zwei Fensterscheiben von dem Tantrischen Quartier des Wahren Buddhas Seiner Heiligkeit gefüllt

mit schillerndem Licht. Dies glich sehr stark der Widerspiegelung von Sonnenlicht auf Glasfenstern. Während eines zweiten Blickes jedoch realisierte ich, dass das keine Widerspiegelung war, sondern Sonnenlicht, das von innen nach außen strahlte. Dann war da ein Ausbreiten von goldenem, schillerndem Licht, das die Fenster und sogar die Wände verschwimmen ließ. Ein Anfall von Überraschung und Freude rannte durch mein Herz und mit dem Aufkommen aus den Gedanken, tauchte ich aus dem Samadhi auf.
Auf meine Füße kommend, rannte ich so schnell ich konnte aus dem Tempel. (Eigentlich humpelte ich, weil das Sitzen in der Lotushaltung meine Beine leicht wund gemacht hatte). Die beiden Fenster des Tantrischen Quartiers des Wahren Buddhas seiner Heiligkeit waren dunkel und es war kein Licht im Raum. Ich ging langsam zu den Fenstern hinüber und lauschte. Es war still und ich hörte keinen menschlichen Laut. Wie angenagelt auf der Stelle rief ich die Vision ab, die ich während meiner Meditation vor zwei Minuten gesehen hatte.
Was für wundervoll helle und schillernde goldene Sonnenstrahlen waren dies, die in dem Dunkel der Nacht erschienen waren! Was war die Quelle des Lichts? Was bedeutete das? Ich wusste, dass Seine Heiligkeit die einzige Person war, die dieses Rätsel für mich lösen konnte!

Die kostbare Oberste Übermittlung des Geistes

Während des fast zweimonatigen Aufenthaltes am Ling Ching Tze Tempel, genoss ich es am meisten Seine Heiligkeit bei seinen Spaziergängen zu begleiten.
Gerade vor dem Mittagessen, nach dem Joggen um den Tempel oder gerade nach dem Abendessen vor Einbruch der Dunkelheit, liebte Seine Heiligkeit es, Spaziergänge zu unternehmen und er mochte es, wenn ich ihn begleitete. Wir gingen manchmal um den Tempel oder um das Tantrische Quartier des Wahren Buddhas herum oder wir liefen die Straßen außerhalb des Tempelgeländes entlang. Wir

plauderten während wir liefen und setzten uns manchmal auf die Stufen außerhalb des Tempels.

Ich lernte viel über Dharma und profitierte viel von diesen Spaziergängen. Seine Heiligkeit erzählte mir von vielen seiner früheren Erfahrungen, die nun wie Märchen erscheinen. Sie machten mich oft sprachlos.

Seine Heiligkeit erklärte mir auch „vor Ort" das Feng Shui des Ling Shen Ching Tze. Seine Anordnungen waren so klar und logisch, dass ich mich oft dabei ertappte, wie ich einen Ausruf der Bewunderung ausstieß!

Die ernsthaften und unermüdlichen Lehren Seiner Heiligkeit lösten die Ungereimtheiten und Zweifel in meinem Geist. Mit einer beiläufigen, durchdringenden Bemerkung, würde er die Wahrheit bloßlegen und sie dann leicht berühren, um mein wirres Denken zu glätten. Als ich plötzlich den Kern meiner Probleme sah, war ich so gerührt, dass heiße Tränen in meine Augen schossen.

Während der Zeit, in der wir spazieren gingen, flößte Seine Heiligkeit wie ein Vater beständig große Weisheit, Tropfen für Tropfen, in sein törichtes Kind und öffnete dabei Schichten um Schichten von mentalen Blockaden. Wie eine winzige Sonnenblume wuchs ich kräftig unter der Nährung von viel Sonnenlicht und Regen.

Zwei Tage nach der Nacht mit meiner Vision vom goldenen Sonnenlicht, rief mich Seine Heiligkeit plötzlich um 11.00 Uhr: „Lass uns spazieren gehen!" Ich sah auf meine Uhr und sah, dass es noch zu früh war für das morgendliche Joggen. Aber Seine Heiligkeit bei seinem Joggen und bei seinem Herumspazieren zu begleiten, waren meine Lieblingsbeschäftigungen, darum zog ich eilig meine Jacke an und folgte ihm nach unten.

Als wir nach unten gingen, fing Seine Heiligkeit an mit mir in einem gewöhnlichen Ton zu plaudern: „Shakyamuni Buddha unterrichtete das Dharma neunundvierzig Jahre lang, um den Leuten die Wahrheit zu zeigen: aber in den ganzen neunundvierzig Jahren hat er nie deutlich die Wahrheit spezifiziert...

Die Diamanten Sutra besagt, `wenn Leute behaupten, dass Tathagata das Dharma unterrichtet hat, dann verleumden sie Buddha´. Nach dem Unterrichten von Dharma für neunundvierzig Jahre, behauptete er, dass er das Dharma nicht unterrichtet hätte. Was in aller Welt meinte er damit? Verstehst du das?“

Die Worte Seiner Heiligkeit waren zu tiefgründig für mich – natürlich verstand ich es nicht. Aber warum brachte Seine Heiligkeit so eine tiefgründige Frage an diesem Tag auf? Für einen Augenblick war ich mir seiner Absicht nicht klar, darum hörte ich nur zu während wir liefen.

Draußen ergoss sich das warme Sonnenlicht auf uns und als wir gemächlich zum vorderen Teil des Tempels liefen, fuhr Seine Heiligkeit fort: „Ich habe Bücher über die Übermittlung von Dharma geschrieben. Es gibt nun fünfundsechzig Bücher gefüllt mit Dharma-Schriften. Jedes Mal, wenn wir eine Dharma-Zeremonie und Gruppenausbildung abhalten, unterrichte ich auch Dharma, aber...

Ich habe immer noch nicht wirklich Dharma übermittelt!“

Seine letzte Bemerkung versetze mich in Erstaunen! Seine Heiligkeit lächelte mich an: „Das Prinzip dahinter ist das Gleiche wie bei Shakyamuni Buddhas letztem Ausruf, dass er nach neunundvierzig Jahren des Lehrens von Dharma keinen Dharma unterrichtet hat.

Gedenke dies: Alle Dharmas der phänomenalen Welt sind immer noch Dharmas der anderen Seite des Berges! Wie die Diamanten Sutra besagt: `Alle Dinge der phänomenalen Welt sind wie Träume, Blasen, Tau oder Blitze!´“

Somit begann Seine Heiligkeit den Prozess vom Übermitteln der heiligsten Methoden von Shakyamuni Buddha an mich – die oberste Methode der Übermittlung des Geistes.

Über einen Monat lang bereitete Seine Heiligkeit mich immer wieder und mitfühlend für die oberste Geistesübung vor. Um meinem begriffsstutzigen Geist zu helfen ihn uneingeschränkt zu verstehen, erklärte er mir die tiefgründige Wahrheit in einfachen und zugänglichen Begriffen und führte mich systematisch mit Geschick und Geduld. Diese Lehren fanden normalerweise während unserer Spaziergänge statt, nämlich manchmal als wir um den Tempel oder das Tantrische Quartier des Wahren Buddhas herumliefen, auf den Straßen außerhalb des Geländes oder wenn wir auf den Tempelstufen saßen.

Eines Nachmittags kam Shi-Mu nach Hause und sah Seine Heiligkeit und mich auf den Stufen außerhalb ihres Hauses sitzen. Sie eilte hinein um Mittagessen zu bereiten und lachte: „Ai-ya! Armer Lehrer und armer Schüler. Ihr müsst am verhungern sein!"
Seine Heiligkeit war mitten dabei mir Unterricht zu erteilen und er griff die Gelegenheit auf, humorvoll anzumerken: „Wir zwei sitzen hier vor der Haustür und warten auf unser Mittagessen. Hab Mitleid mit uns, bitte!" Wir brachen alle in Gelächter aus.
Die Übermittlung der obersten Geistesübung durch Seine Heiligkeit, erlaubte es mir wahrhaftig die Wahrheit hinter dem Erlangen von Buddhaschaft während dieser Lebenszeit und dem geheimen Geistessiegel der Buddhas in den zehn Richtungen zu verstehen.
„Oh! Das ist es, was es ist!" Ich war sehr erstaunt.
Seine Heiligkeit sagte mir niemals vorher, dass er die oberste Geistesübung übermittelte und wenn es geschah, schien er beiläufig mit mir zu plaudern. Als ich plötzlich realisierte, dass mir Seine Heiligkeit die selten anzutreffenden geheimen Geistesübungen von Tathagata übermittelte, war ich so bewegt, dass mir die Worte dafür fehlten! Später in jener Nacht, als ich in mein Schlafquartier zurückging, war ich so dankbar, dass ich anfing zu weinen und mich wiederholt in der Richtung des Tantrischen Quartiers des Wahren Buddhas niederwarf. Auf diese Weise verbrachte ich später zahlreiche schlaflose Nächte.
Was mich noch mehr erstaunte und mich mit noch größerer Bewunderung erfüllte, war das unfassbar hohe und unergründliche Reich, das Seine Heiligkeit erlangt hatte.
Seine Heiligkeit ist vollkommen eine lebende „Große Sonne Tathagata"!
Es ist schade, dass die sterblichen Leute nicht in der Lage sind, die kostbare Manifestation des wahren Buddhas vor ihren Augen zu erkennen und dabei diese seltene und wertvolle Gelegenheit verpassen. Gehindert durch die drei Gifte und in Versuchung geführt durch Ruhm und Profit, ist deren Spiritualität verhüllt. Wie viele verstehen das hohe Reich, dass der Lebende Buddha erlangt hat und was für ein offenes und unbegrenztes Herz er hat?
Seine Heiligkeit ist so ein großer Weiser!

Zu bedauern sind alle diese, die das nicht erkennen!

Bodhisattva-Gelübte und künftige Weihegelübde

An dieser Stelle würde ich gerne die Gelegenheiten erwähnen, in denen ich das Bodhisattva-Gelübde hervorgebracht und die Erlaubnis von Seiner Heiligkeit für spätere Entsagung erhalten habe.
Am 7. Juli 1986 führte Seine Heiligkeit ein Ritual für mich zur Annahme der Bodhisattva-Gebote durch. Obwohl nur wenige Personen daran teilnahmen, war es eine sehr feierliche Angelegenheit. In dem Tantrischen Quartier des Wahren Buddhas brachte ich Bodhisattvas Gelübte für Haushaltsvorstände hervor und Seine Heiligkeit gab mir die Ermächtigung und diente mir als mein Zeuge. Nach der Zeremonie gab mir Seine Heiligkeit ein Zertifikat über die Annahme der Benimmregeln eines Bodhisattvas.
Vor vielen Jahren, als ich in den Büchern Seiner Heiligkeit las, erfuhr ich, dass er letztlich ein Mönch werden würde. Zu jener Zeit dachte ich bei mir, dass ich, wenn Seine Heiligkeit ein Mönch würde, seinem Beispiel folgen und ein Mönch werden würde!
Am Anfang diesen Jahres erfuhr ich, dass Seine Heiligkeit ein Mönch geworden war und meine ersten Gedanken waren: „Oh, das geht zu schnell! Ich bin nicht bereit mein Familienleben schon aufzugeben!“ Aber meine Bestimmung schließlich in die Fußstapfen des Meisters zu treten und ihm zu folgen, ist immer noch stark und standhaft! Eines Nachts, im späten Juli, träumte ich plötzlich von Seiner Heiligkeit und einem Buddha, der hinter ihm stand. Ich kniete nieder, um ihnen Ehrerbietung zu erweisen und Seine Heiligkeit lächelte und fuhr fort das Schneiden einer Tonsur für mich auszuführen.
Als ich diesen Traum Seiner Heiligkeit erzählte, nickte er und sagte: „Sehr gut. Lass uns eine Zeremonie abhalten, um deine künftige Entsagung zu kennzeichnen.“
Am 28. Juli 1986 führte Seine Heiligkeit deshalb nach dem Abendessen für mich ein feierliches und würdevolles Ritual im Tantrischen Quartier des Wahren Buddhas durch. Nach dem Abschneiden eines Haarbüschels, gab er mir eine besondere Ermächtigung dafür, dass

durch Shakyamuni Buddha vorhergesagt wurde, dass ich in Zukunft Mönchsein erlangen werde. Während der Ermächtigung trat ein Strom warmer Energie in meine Krone ein. Als der warme Strom mein Herz erreichte, fühlte ich, wie er einen Moment innehielt, bevor er sich in meinem ganzen Körper verbreitete. In diesem Augenblick fühlte ich eine plötzliche Öffnung meines Herzen und eine Ausweitung an hellem Licht. In dem Zustand von Licht und Frieden verweilend, wollte ich fast nicht mehr meine Augen öffnen.
Ich warf mich mehrere Male dankbar vor Seiner Heiligkeit und den Buddhas und Bodhisattvas nieder. Seine Heiligkeit sagte mir mitfühlend, dass ich mit der Vollendung dieses Rituals, mein Haar in Zukunft überall und jederzeit abschneiden könnte, um ein Mönch zu werden. Mein künftiger Name nach der Tonsur wird Shakya Lianhan sein.

Om Mani Padme Hum!